Pe. JOSÉ BORTOLINI

Livros Sapienciais

Jó | Salmos | Provérbios
Eclesiastes | Cântico dos Cânticos | Eclesiástico | Sabedoria

EDITORA
SANTUÁRIO

Direção editorial:
Pe. Fábio Evaristo R. Silva, C.Ss.R.

Conselho editorial:
Ferdinando Mancilio, C.Ss.R.
Marlos Aurélio, C.Ss.R.
Mauro Vilela, C.Ss.R.
Ronaldo S. de Pádua, C.Ss.R.
Victor Hugo Lapenta, C.Ss.R.

Coordenação editorial:
Ana Lúcia de Castro Leite

Copidesque:
Luana Galvão

Revisão:
Bruna Vieira da Silva
Sofia Machado

Diagramação e Capa:
Bruno Olivoto

Dados Internacionais de Catalogação na Publicação (CIP)
(Câmara Brasileira do Livro, SP, Brasil)

Bortolini, José
    Livros sapienciais: Jó, salmos, provérbios, eclesiastes, cântico dos cânticos, eclesiástico, sabedoria / José Bortolini. – Aparecida, SP: Editora Santuário, 2018. (Coleção Conheça a Bíblia: estudo popular)

    ISBN 978-85-369-0556-3

    1. Bíblia. A.T. Livros sapienciais – Introduções 2. Livros sapienciais I. Título. II. Série.

18-19544   CDD-223

Índices para catálogo sistemático:
1. Bíblia: Livros sapienciais: Introduções 223
Cibele Maria Dias – Bibliotecária – CRB-8/9427

2ª impressão

Todos os direitos reservados à **EDITORA SANTUÁRIO** – 2022

Rua Pe. Claro Monteiro, 342 – 12570-000 – Aparecida-SP
Tel.: 12 3104-2000 – Televendas: 0800 - 0 16 00 04
www.editorasantuario.com.br
vendas@editorasantuario.com.br

A coleção: "Conheça a Bíblia. Estudo popular"

Tentar popularizar o estudo da Bíblia Sagrada parece tarefa fácil, mas não é. De certa forma, é como caminhar na contramão da exegese, pois o estudioso de Bíblia normalmente é levado a sofisticar o estudo e a pesquisa. Há inclusive quem diga que o estudo popular da Bíblia não é coisa séria. Todavia, visto que a Bíblia é patrimônio do povo e não dos especialistas, cabe aos letrados desgastar-se para tornar esse livro acessível aos simples, ou seja, aos que não tiveram e nunca terão oportunidade de conhecer a fundo as ciências bíblicas.

Ocorre-me, a esse respeito, uma velha comparação: a do tatu e o joão-de-barro. Exegese significa "tirar para fora", "extrair". É mais ou menos aquilo que faz o tatu: ao cavar uma toca, "tira para fora" boa quantidade de terra, mas não sabe o que fazer com ela, pois seu objetivo é viver no fundo do buraco. O joão-de-barro, ao contrário, recolhe essa terra e com ela constrói a própria casa. Algo semelhante acontece no campo dos estudos bíblicos: os exegetas "tiram para fora" inúmeras informações a respeito de determinado livro da Bíblia. Mas a tentação é pensar que sua tarefa se esgotou aí. Os simples, ao contrário, aproveitam-se dessas informações e fazem a própria caminhada de fé e de conhecimento da Palavra de Deus.

É isso o que se busca com a presente coleção "Conheça a Bíblia. Estudo popular". Oxalá o esforço do especialista em popularizar a Palavra de Deus, associado à fome e sede dessa mesma Palavra por parte dos simples, provoque novamente a exclamação de Jesus: "Pai celeste, eu te louvo porque... revelaste essas coisas aos pequeninos" (veja Mt 11,25).

Apresentação

A coleção "Conheça a Bíblia. Estudo popular" foi pensada visando popularizar o estudo da Sagrada Escritura, a fim de que mais pessoas possam ter acesso a toda a riqueza que existe em cada uma das páginas que compõem a Bíblia.

Este quarto volume é dedicado aos livros do Antigo Testamento chamados livros *Sapienciais*. São eles: Jó, Salmos, Provérbios, Eclesiastes, Cântico dos Cânticos, Sabedoria, Eclesiástico. São chamados "sapienciais" porque, de um modo ou de outro, estão envolvidos com o tema da sabedoria. Não se trata da sabedoria sinônimo de erudição ou de conhecimento adquirido nas faculdades e universidades. Não se pode dizer que uma pessoa, por ser culta, seja sábia. Sabedoria, no sentido de que estamos falando, está perto de bom senso, sensatez, sentido profundo das coisas. Na Bíblia, o princípio da Sabedoria é o temor de Deus. Isso não significa ter medo dele, mas respeitá-lo. Quem respeita Deus descobre o sentido profundo de cada coisa e de cada acontecimento. Essa pessoa está no caminho da Sabedoria.

Sendo fruto de longa observação da vida, os livros Sapienciais são como certos frutos que apanham todo o sol do verão e só amadurecem no outono adiantado. Daí o sabor especial desses livros.

Dizem que "saber" vem de "sabor". Pois bem, o sabor dos livros Sapienciais é único e irrepetível, pois foi sendo apurado ao longo dos séculos. Alguns textos sapienciais são muito antigos, e a maioria deles surgiu pouco antes do nascimento de Jesus. Por exemplo: costuma-se datar o Eclesiástico por volta do ano 180 antes de Cristo. E o livro da Sabedoria é o caçula do Antigo Testamento. Surgiu uns 50 anos antes de Jesus nascer.

Os livros sapienciais têm a mesma importância dos demais livros da Bíblia. Detalhe que não podemos esquecer: Deus se serve da sabedoria popular para revelar seu projeto de vida para todos. É como se diz: "A voz do povo é a voz de Deus".

Algumas orientações úteis para o leitor:
- As passagens bíblicas, presentes no livro, pertencem à Bíblia de Jerusalém, Bíblia Pastoral e, por vezes, são traduções diretas do próprio autor. Dependendo da Bíblia que o leitor estiver utilizando, os textos podem ser diferentes. Quando isso acontecer, o leitor deve procurar entender o sentido do texto e não apenas as palavras nele presentes.
- As respostas de alguns exercícios encontram-se abaixo deles, e a ordem das respostas estão colocadas conforme o exercício proposto.
- Tenha sempre à mão um caderno de anotação, no qual você poderá escrever suas principais conclusões sobre o que foi estudado.

Boa leitura!

1
O livro de Jó

I. ANTES DE ABRIR O LIVRO

1. Jó: realidade ou ficção?

O livro de Jó pertence a uma série de livros que costumamos chamar de sapienciais (juntamente com Salmos, Provérbios, Eclesiastes, Cântico dos Cânticos, Sabedoria e Eclesiástico). Esses livros têm características próprias, por exemplo: Qual o sentido da vida? Por que a vida é tão frágil e passageira? Quais são os valores que enobrecem o ser humano? A riqueza é um valor? Como ser feliz? Onde está a felicidade? E tantas outras perguntas que costumamos fazer quando entramos na segunda metade da vida.

Não é preciso ser cristão para fazer esse tipo de pergunta. Nem é necessário conhecer a fundo a Bíblia. A humanidade sempre se interrogou acerca do sentido da vida, porque a própria vida nos leva, cedo ou tarde, a esses questionamentos.

As pesquisas de documentos antigos e as descobertas da arqueologia o comprovam. Edom, Egito e Mesopotâmia estão entre as nações que, muito tempo antes de surgir o livro de Jó, haviam registrado essas inquietações da alma humana. Aliás, Edom deve ter sido o país que criou a lenda que está por trás do livro de Jó. E a própria terra de Jó, Hus, deve situar-se, provavelmente, em Edom.

O personagem Jó não é uma pessoa concreta. Isso quer dizer que não existiu uma pessoa com esse nome e que enfrentou a situação descrita no livro. Diante dessa afirmação, algumas pessoas tendem a desanimar, desacreditando da Bíblia. O fato de Jó ser uma ficção produz resultados mais contundentes e vivos do que se possa imaginar. De fato, toda a humanidade e cada pessoa podem nele se espelhar.

2. Jó: sinônimo de pessoa paciente?

Na mentalidade de muita gente, Jó seria sinônimo de pessoa paciente. Isso poderia ser verdadeiro se lêssemos apenas os dois primeiros capítulos e pulássemos para o final do livro. A parte central da obra – do capítulo 3 até o capítulo 42,6 – desmente essa imagem do paciente Jó. De fato, ele se mostra rebelde, ousado e, a certo ponto, decide discutir diretamente com Deus, cara a cara, para saber qual a razão de seu sofrimento.

E Deus não o decepciona e lhe responde. Aí está a vitória de Jó, que não tem nada de pessoa paciente, pelo contrário, é o personagem mais ousado que encontramos em toda a Bíblia, pois desafia Deus a se apresentar e rebater seus argumentos.

Dado interessantíssimo: no final, Deus critica os amigos e inocenta a ousadia de Jó. Ele diz a Elifaz de Temã: "Estou indignado contra você e seus dois companheiros, porque vocês não falaram corretamente de mim, como fez meu servo Jó" (42,7). E o rebelde Jó intercede a Javé para que poupe os três amigos.

3. Um livro complexo

O livro de Jó é complexo. Nele descobrimos uma parte antiga, em prosa. São os capítulos 1, 2 e 42,7-17. A parte central (3,1-42,6) é poesia. A parte em prosa é muito antiga e, provavelmente, foi importada do país vizinho a Israel, Edom, que já havia produzido textos pessimistas acerca da vida humana, frágil e cheia de tormentos inexplicáveis.

A parte em poesia é fruto da elaboração de um gênio judeu, descontente e insatisfeito com as respostas comuns acerca do sofrimento humano. Ele encaixou a parte poética de forma admirável. De fato, nos dois primeiros capítulos do livro, a cena se passa em um ambiente, ao qual Jó não tem acesso, desconhecendo completamente o conteúdo da conversa entre Javé e Satã. Quando se inicia o texto poético (3,1), o cenário é diferente: estamos diante de Jó, ferido no corpo e na alma, debatendo-se em torno do porquê de seu sofrimento. Mais ou menos como em certas cenas das telenovelas, em que o telespectador vê duas salas sem comunicação entre si, de modo que só ele fica a par daquilo que se conversa e se combina em cada uma delas.

Nós, que lemos a obra desde o início, sabemos que Javé declara seu amigo Jó uma pessoa reta e íntegra. Mas Jó não sabe disso, nem seus amigos. Dessa forma, a parte poética vai crescendo em dramaticidade, até chegarmos ao confronto entre Jó e Deus.

Na parte poética, encontramos alguns elementos inesperados. É o caso do capítulo 28, chamado de "Elogio da Sabedoria". Além disso, do capítulo 32 ao 37, intervém um tal de Eliú, sem ter sido convidado. São certamente acréscimos posteriores.

Para facilitar
O texto hebraico do livro de Jó nem sempre é compreensível. Por isso as traduções podem divergir. Há tradutores que, quando o texto hebraico é incompreensível, simplesmente recusam-se a traduzir. Em certas Bíblias, você pode encontrar linhas pontilhadas. Outros tradutores seguem traduções antigas, como o grego e o latim.

Além disso, algumas Bíblias alteram a sequência dos capítulos para que o texto se torne mais compreensível, estabelecendo uma nova sequência. Assim: 24,1-6.10-11.7-9.12.14.16a. 15.16b.17.25; 25,1-6; 26,5-14; 26,1-4; 27,1-23; 24,18-24.

4. O sofrimento humano: por quê?

Da forma como se encontra hoje, o livro de Jó é um retrato do povo que sofre e procura explicações para seu sofrimento, muitas vezes, sem resposta. Assim, o livro faz pensar nos grandes sofrimentos de Israel, por exemplo, o cativeiro na Babilônia (de 586 a 538 antes de Jesus nascer) e o Holocausto no século passado.

Não se trata somente de Israel. Sendo Jó um personagem simbólico e estrangeiro (ele e seus amigos são do país de Edom), ele pode ser aplicado a qualquer pessoa, ao povo que sofre e não encontra razões para seu sofrimento.

De fato, por que o ser humano deve sofrer? Não é o sofrimento um absurdo? Não é uma negação da vida? O sofrimento humano é um mistério. Os amigos de Jó insistiam que ele estava sendo castigado por seus pecados. Mas o próprio Javé os desmente, não apontando nele nenhuma culpa. De onde, então, vem o sofrimento humano? Às vezes, somos nós mesmos que o provocamos. Todavia, se generalizarmos esse princípio, não nos diferenciaremos dos amigos de Jó. De onde vem o sofrimento humano? Mistério. Mas o mistério é suficiente para nos consolar?

5. Jó e a "religião da retribuição"

Como vimos, os amigos de Jó insistiram em um lugar-comum: ele estava pagando o preço de seus pecados. Quando era uma pessoa de bem, tinha bens e, mais ainda, tinha Deus do seu lado. Agora, porém, Deus tornou-se seu inimigo, e as provas eram a perda dos bens e dos bens mais caros, os filhos, e a perda da saúde. E por que Deus tornou-se inimigo de Jó? A resposta para eles só poderia ser esta: Jó ofendeu gravemente a Deus e está pagando por isso. A única saída que eles vislumbraram foi pedir perdão para ter de volta tudo o que ele perdeu.

A isso se costuma chamar de "religião da retribuição", pensamento muito comum no Antigo Testamento e que o livro de Jó implodiu. Em outras palavras, ele se perguntou: "Por que o justo deve sofrer?" Para os amigos, Jó não era justo. Ele, porém, tinha consciência de não ter feito nada que transgredisse os mandamentos. Para os amigos, riqueza era sinônimo de bênção divina pelo cumprimento da Lei, e maldição (perda da riqueza ou da saúde), resultado de violação da Lei. Jó tinha consciência de não ter transgredido nenhum item da Lei. Por que, então, o sofrimento? Que tipo de Deus estava por trás disso?

A "religião da retribuição" é terrivelmente injusta e exclui, impiedosamente, aqueles que Deus mais ama, os pobres, os doentes, os sofredores. O autor do livro de Jó certamente tem consciência de que o injusto e o corrupto prosperam, sem que Deus compactue com isso. Por outro lado, o justo e o reto sofrem, muitas vezes, por causa dos próprios injustos, e Deus parece fazer vista grossa. Conseguirá o livro de Jó estilhaçar a "religião da retribuição"?

6. Jó e a "religião da prosperidade"

Em nossos dias, há certos grupos cristãos que propagam a "religião da prosperidade", que funciona mais ou menos assim: você dá tudo o que possui a Deus, e ele lhe devolverá em dobro ou mais. Será que o livro de Jó ajuda a esclarecer isso?

Em primeiro lugar, e antes de olhar o que Jó tem a dizer, é preciso notar que Deus não pede nada para si e que entregar tudo a ele é gesto temerário, pois o fruto do suor de pessoas humildes pode acabar nos bolsos de lideranças sem escrúpulos. E as desculpas que estas dão, quando o retorno não acontece, recaem sempre sobre quem doou, seja porque não deu com fé, seja por qualquer outra desculpa que aparecer. Nesse caso, o doador vê a si mesmo como culpado e o receptor, enriquecido, como merecedor das bênçãos divinas (riquezas = bênção).

Os que defendem a "religião da prosperidade" podem, então, ser identificados com os amigos de Jó que, na realidade, são "amigos da onça", como dizemos, ou como disse Jesus acerca dos fariseus, "amigos do dinheiro" (Lc 16,14).

Jó não sabe o motivo de sua repentina miséria, de sua doença e de seu sofrimento. Mas nós, que assistimos à conversa entre Javé e Satã, sabemos que as sucessivas desgraças abatidas sobre Jó são fruto de algo satânico. De fato, Satã pergunta a Javé se a religião de Jó é desinteressada ou se ele é pessoa piedosa e religiosa por puro interesse, visto que tem muitos bens e uma família saudável.

As desgraças que lhe sobrevêm são resultados da ação de Satã: ele perde bens materiais, família e saúde em pouco tempo. Para nós resta um desafio: descobrir quem é o Satã que vai tirando das pessoas o pouco que lhes resta para sobreviver, fazendo-as perder a própria saúde e a dignidade. Não se trata, portanto, de dar tudo a Deus para receber o dobro, mas de desmascarar os satanases, que, em nome de Deus, tiram o pouco que as pessoas têm.

Resumindo esta parte

Teste seus conhecimentos desta parte do livro de Jó, assinalando verdadeiro (V) ou falso (F). A seguir, confira quantas respostas você acertou.

( ) **1.** Jó é um livro sapiencial.
( ) **2.** Jó existiu realmente.
( ) **3.** Jó é tipo de pessoa que tem paciência.
( ) **4.** O personagem Jó não era judeu.
( ) **5.** O livro de Jó é inteiramente poesia.
( ) **6.** A lenda de Jó nasceu no país de Edom.
( ) **7.** Jó não conhece as tramoias de Satã nos capítulos 1 e 2.
( ) **8.** O sofrimento de Jó é causado pelo pecado.
( ) **9.** O livro de Jó arrasa a "religião da retribuição".

( ) 10. No fim do livro, Deus acusa Jó de pecado.
( ) 11. O livro de Jó nasceu assim como está hoje.
( ) 12. O livro de Jó defende a "religião da prosperidade".
( ) 13. Jó representa o sofrimento de cada pessoa e de cada povo.
( ) 14. Às vezes, o original hebraico do livro de Jó é incompreensível.
( ) 15. Eliú aparece no livro sem ser convidado.

Respostas: 1. V; 2. F; 3. F; 4. V; 5. F; 6. V; 7. V; 8. F; 9. V; 10. F; 11. F; 12. F; 13. V; 14. V; 15. V.

II. Abrindo o livro de Jó

Quando abrirmos o livro de Jó, é bom prestar atenção em alguns detalhes. Ele tem introdução e conclusão em prosa. Entre uma e outra, notam-se três turnos de discursos. Em cada um deles intervêm, um após outro, os três amigos de Jó, e este responde a cada um deles. Exemplo: no primeiro turno (capítulos de 3 a 14), Jó começa falando (capítulo 3); Elifaz de Temã lhe responde (capítulos 4 e 5); Jó intervém (capítulos 6 e 7); Baldad de Suás lhe responde (capítulo 8); Jó fala (capítulos 9 e 10); Sofar de Naamat lhe responde (capítulo 11); e Jó encerra o primeiro turno (capítulos de 12 a 14).

Os dois turnos seguintes têm praticamente a mesma organização. Terminados estes, aparece o capítulo 28, uma espécie de intervalo. A seguir, Jó fala sozinho (capítulos de 29 a 32). Surge, então, de improviso, um certo Eliú, que, vendo fracassadas as tentativas dos três amigos, tenta convencer Jó daquilo que não é culpado (capítulos de 32 a 37).

Finalmente, Jó obtém aquilo que tanto desejava: um confronto pessoal com Deus. Isso acontece a partir de 38,1 até 42,6. Segue-se a conclusão, em prosa. Visualize, abaixo, o que foi dito.

1. Como está organizado

Introdução (capítulos 1 e 2).
Primeiro turno: Jó e seus três amigos (capítulos de 3 a 14).

Segundo turno: Jó e seus três amigos (capítulos de 15 a 21).
Terceiro turno: Jó e seus três amigos (capítulos de 22 a 27).
Intervalo (capítulo 28).
Jó falando sozinho (capítulos de 29 a 31).
Um estranho (Eliú) entra na conversa (capítulos de 32 a 37).
O grande confronto: Javé e Jó (38,1-42,6).
Conclusão (42,7-17).

2. Introdução (capítulos 1 e 2)

A introdução – chamada de prólogo pelos estudiosos – mostra como Jó passa, de repente, da abundância, da riqueza e da vida saudável à perda de tudo, à miséria e ao sofrimento. Em ambas as situações, sua conduta não muda. Na abundância, preocupa-se até com as possíveis faltas de seus filhos contra Deus. No sofrimento e no abandono total, repreende a mulher que o aconselha a amaldiçoar a Deus, encontrando assim a morte, e reconhece que Deus dá tudo e tudo pode tirar.

Jó não sabe que sua desgraça é fruto de uma aposta entre Javé e Satã. Deus reconhece em Jó um homem íntegro e reto, ao passo que Satã é da opinião de que a religião de Jó é interesseira: ele age assim porque tudo lhe vai bem; mas, depois de tocar em seus bens, tudo poderia mudar. Javé aceita a aposta. E Satã vai provocando em Jó todo tipo de desgraças: perda dos bens, dos filhos e da própria saúde. Resta-lhe apenas a esposa, que não concorda com a atitude dele. E, para "consolá-lo", três amigos importunos que, desejando ajudá-lo, só fazem aumentar seus sofrimentos. Querem inocentar a Deus culpando o homem que sofre.

Satã
À primeira vista, é estranho que Satã seja recebido em audiência por Javé e até faça apostas com ele, envolvendo Jó e causando-lhe tantas desgraças. Como entender isso? Acontece que estamos diante de uma lenda e, quase sempre no Antigo Testamento, a palavra Satã (que significa "adversário") não possui toda a carga negativa que nós lhe damos.

3. Primeiro turno: Jó e seus três amigos (capítulos de 3 a 14)

Jó começa sua fala (capítulo 3) e, em vez de amaldiçoar a Deus, amaldiçoa o dia de seu nascimento e a noite em que foi gerado: "Morra o dia em que nasci e morra a noite em que fui concebido" (3,3). Deseja que o dia de seu nascimento não exista e que ele seja abortado. Deseja que a noite em que é concebido seja uma noite estéril, pois agora não tem sossego nem descanso: só choro e tormentos.

O primeiro amigo a intervir chama-se Elifaz de Temã (capítulos 4 e 5). Começa falando do tempo em que Jó era capaz de fortalecer os fracos e de animar os abatidos. Agora, porém, chega a vez dele. Aquele que transmitia aos outros confiança deve agora confiar em Deus. Sutilmente ele insinua que Jó está colhendo aquilo que semeou: "Quem cultiva a desgraça e semeia o sofrimento é também aquele que os colhe" (4,8). E propõe que o sofrimento de Jó é uma correção enviada por Deus: "Feliz o homem a quem Deus corrige. Quanto a você, não despreze a lição do Todo-poderoso" (5,17).

Jó responde (capítulos 6 e 7). Já que não é abortado, pede que Deus o mate: "Oxalá se realizasse aquilo que pedi... que Deus se dignasse esmagar-me e que, soltando sua mão, me eliminasse. Seria um consolo para mim" (6,8ss). E começa a aborrecer-se com seus amigos: "A pessoa deve manifestar misericórdia para com o amigo, mesmo quando o amigo perdeu o respeito pelo Todo-poderoso" (cf. 6,14). Ele se queixa da falta de solidariedade dos amigos, afirmando que sua causa é justa e que nele não há falsidade. Na cultura religiosa daquele tempo, dizia-se que Deus, Senhor do mundo, percorria pela manhã o mundo para abastecê-lo do necessário. Jó retorce esse pensamento piedoso, afirmando que Deus o inspeciona desde a manhã e não o deixa sequer respirar, tornando-o alvo de suas investidas. E conclui com uma frágil esperança, como se dissesse a Deus: "Mata-me, e depois, com saudades, procurar-me-ás, mas eu não mais existirei" (cf. 7,21).

> **Shaddai**
> No livro de Jó, Deus recebe vários nomes. O mais frequente (31 vezes) é Shaddai. Seu significado é incerto. Normalmente é traduzido por "Todo-poderoso" ou "Onipotente".

Intervém outro amigo, Baldad de Suás (capítulo 8). Está espantado com as palavras venenosas de Jó e pergunta se é possível a Deus torcer o direito e perverter a justiça. Insinua que os filhos de Jó pecaram e ele está pagando a conta. É o recurso de uma velha sentença do Antigo Testamento. Entretanto o mal tem saída: Jó terá de pedir perdão, e Deus o restabelecerá em seu lugar e direito. Ele diz a Jó: "Deus pode ainda lhe encher a boca de sorrisos e seus lábios com gritos de alegria. Seus inimigos vão ficar envergonhados e a tenda dos injustos vai desaparecer" (8,21).

Jó responde (capítulos 9 e 10), dizendo que o ser humano não pode declarar-se inocente diante de Deus, e não tem mais certeza de que sua conduta seja íntegra. Quem consegue discutir com Deus? Quem consegue vencê-lo pela força? Quem consegue levá-lo ao tribunal? E desabafa: "Mesmo que eu fosse justo, sua boca me condenaria. Mesmo que eu fosse íntegro, ele me declararia culpado... Eu garanto: Deus extermina o íntegro e o justo" (9,21-22). Sendo assim, desejaria que houvesse um árbitro entre eles dois, alguém que afastasse a vara de Deus e permitisse a Jó falar o que pensa sem medo. Sua fala termina com um pedido queixoso a Deus: "Fica longe de mim, para que eu tenha um instante de alegria antes da minha partida sem retorno. Vou partir para a terra de trevas e sombras, para a terra de escuridão e desordem, onde a claridade é sombra" (10,20b-22).

O último amigo do primeiro turno chama-se Sofar de Naamat (capítulo 11). Ele apela à Sabedoria de Deus, que desconserta qualquer sensatez. Se Deus a revelasse, a falta de Jó ficaria descoberta, pois ninguém pode sondar a profundeza de Deus: é mais alta que o céu e mais profunda que o abismo.

Os humanos não veem tudo, Deus sim. O conselho do amigo não se afasta daquilo que os anteriores disseram: Jó deve pedir perdão, estendendo as mãos para Deus, a fim de ser restabelecido.

O turno se encerra com a intervenção de Jó (capítulos de 12 a 14). Começa ironizando a "sabedoria" dos três amigos e afirma que a Sabedoria de Deus se manifesta, principalmente, em seu poder destruidor. Pede a Deus duas coisas: **1.** Que afaste de Jó a mão; **2.** Que não o apavore com seu terror. Assim poderão falar frente a frente, Deus acusando e Jó respondendo, ou Jó falando e Deus replicando. A longa intervenção de Jó termina com um desejo saudoso: "Oxalá me abrigasses na região dos mortos e me escondesses lá até que a tua ira passasse e marcasses uma data para te recordares de mim... Tu então me chamarias, e eu te responderia. Tu desejarias rever a obra de tuas mãos... então fecharias numa urna os meus crimes e apagarias a minha culpa" (cf. 14,13-17).

Teste sua memória associando a ordem em que os três amigos de Jó aparecem, seu lugar de origem e o(s) capítulo(s) em que falam.

Ordem em que aparecem	Lugar de origem	Capítulo(s) em que falam
( ) Baldad	Naamat	11
( ) Sofar	Temã	4 e 5
( ) Elifaz	Suás	8

Respostas: 8; 11; 4 e 5.

---

4. Segundo turno: Jó e seus três amigos (capítulos de 15 a 21)

O segundo turno começa com as palavras de Elifaz de Temã (capítulo 15). Ele duvida da sabedoria de Jó e alega que eles, por serem mais idosos, são também mais sábios. Além disso, acusa Jó de falta de religião. Suas palavras seriam provocadas pela culpa cometida. Prova disso é que ninguém é justo diante de Deus: "Por acaso pode o homem ser puro ou inocente? Deus sequer confia em seus Santos e, aos olhos dele, os Céus não são puros. Quanto menos o ser humano, detestável e corrompido, que bebe a injustiça como se bebe água" (15,14-16).

Jó responde (capítulos 16 e 17), aborrecido com as palavras dos amigos, consoladores importunos. Deus o entrega aos injustos, esmaga-o, tritura e brinca de tiro ao alvo com ele. Jó prevê sua morte iminente, a morte de um inocente. E clama à terra: "Terra, não cubra meu sangue, que meu clamor não encontre um lugar de descanso!" (16,17). O pedido é muito forte, pois, na cultura daquele tempo e lugar, todo sangue derramado devia ser coberto com terra, para abafar seu clamor (veja a história de Abel assassinado por Caim em Gn 4). O fato de o sangue de Jó não ser coberto pela terra provoca o clamor por justiça, e o vingador do sangue deverá intervir para fazer justiça.

No capítulo 18, intervém Baldad de Suás. Ele faz longa reflexão sobre o trágico destino do injusto, que, cedo ou tarde, encontra aquilo que merece: "Não existe outra sorte para as moradas da injustiça e o lugar daquele que não conhece a Deus" (18,21).

Jó responde (capítulo 19), queixando-se do aborrecimento e da aflição causados pelas palavras dos amigos. Torna a culpar Deus por sua desgraça e solidão: "Deus afastou de mim os meus irmãos, e meus parentes me evitam... Minha mulher tem nojo do meu mau hálito... As crianças me desprezam... Meus amigos sentem nojo..." (19,13-18). Termina sua queixa pedindo piedade aos amigos: "Por que vocês me perseguem como me persegue Deus?" (19,22). Os amigos de Jó não se solidarizam com ele porque, se o fizessem, deveriam acatar os argumentos de Jó e culpar a Deus.

Intervém Sofar de Naamat (capítulo 20), e seu pensamento não se distancia dos lugares-comuns. Sente-se ultrajado com as palavras de Jó e reafirma que nenhum injusto escapa da justiça divina: "A alegria dos injustos é passageira, e o júbilo do malvado dura apenas um instante" (20,5). Indiretamente, Jó é acusado de ter destruído os barracos dos pobres e de ter tomado as casas dos outros; agora está pagando por isso: "Esta é a sorte que Deus reserva ao injusto, a herança que ele lhe destina" (20,29).

O segundo turno se encerra com as palavras de Jó (capítulo 21). Ele desmente os argumentos do amigo, provando que os injustos continuam vivendo até a velhice, sempre mais ricos. Seus bens estão garantidos, suas casas em paz, Deus não os castiga, seus rebanhos se multiplicam, eles envelhecem felizes e morrem em paz. Jó mostra como os injustos caçoam de Deus, dizendo-lhe: "Afasta-te de nós, pois não nos interessa conhecer teus caminhos. Quem é o Todo-poderoso para que nós sirvamos a ele? Que vantagem temos em invocá-lo?" (21,14-15).

5. Terceiro turno: Jó e seus três amigos (capítulos de 22 a 27)

O terceiro turno repete basicamente o segundo. Você é convidado a aprofundá-lo por sua conta. Para tanto, damos apenas algumas indicações. Abra sua Bíblia e leia as citações que indicamos.

Elifaz de Temã (capítulo 22): Deus castiga em nome da justiça. Leia 22,5-9.21-22.
Resposta de Jó (capítulos 23 e 24): o mal prevalece porque Deus está distante. Leia 23,8; 24,1.15.25.
Baldad de Suás (capítulos 25,1-6; 26,5-14; 26,1-4): Deus é poderoso. Leia 25,4; 26,14.
Resposta de Jó (capítulo 27,1-12): Jó se firma em sua inocência. Leia 27,2-6.
Sofar de Naamat (capítulo 27,13-23; 24,18-24): Jó é maldito porque não teve misericórdia. Leia 27,13-14; 24,21-22.

6. Intervalo (capítulo 28)

O capítulo 28 é um poema à Sabedoria inserido tardiamente. Funciona como intervalo ou encerramento dos três turnos anteriores e preparação para o que vem a seguir.

O ser humano progride de forma fantástica no campo da tecnologia. É o único a fazer isso em toda a criação. Desentranha o ouro da terra, garimpa pedras preciosas e da terra extrai os metais. É isso Sabedoria? A tecnologia não é sinônimo de Sabedoria, pois a Sabedoria bíblica pressupõe duas características fundamentais: temer a Deus e afastar-se do mal. São justamente as duas características atribuídas a Jó (veja 2,3). E quem o afirma é o próprio Javé.

7. Jó falando sozinho (capítulos de 29 a 31)

Os três amigos desaparecem, e Jó fala sozinho. A fala de Jó tem, basicamente, dois momentos: ele olha para o passado (capítulo 29) e reflete sobre sua situação presente (capítulos 30 e 31). O passado é marcado pela presença de Deus junto dele e pela prática da justiça e da solidariedade com os sofredores. Jó agia como autêntico homem sábio, íntimo de Deus e solidário com as pessoas. No momento presente tudo muda. O bem que ele fez é recompensado com os males que o acometem. É a morte da "religião da retribuição", pois, segundo ela, Jó deveria estar desfrutando as melhores bênçãos divinas, traduzidas em bem-estar, saúde, fama, honra etc.

Proclamada sua inocência, desafia o próprio Deus. É o ponto alto da rebelde ousadia de Jó. Ele diz: "Oxalá alguém me escutasse! Falo pela última vez. Que o Todo-poderoso me responda. Que meu adversário escreva a acusação. Eu a carregaria sobre os ombros e a usaria como se fosse coroa. Eu lhe prestaria contas de todos os meus passos e me apresentaria diante dele como um príncipe" (31,35-37).

Está assim lançado o desafio de Jó. Irá Deus responder?

8. Um estranho (Eliú) entra na conversa (capítulos de 32 a 37)

Esperávamos que Javé respondesse imediatamente a Jó. Todavia, o que aparece é a intervenção de um desconhecido chamado Eliú. Isso significa que estes capítulos foram acrescentados mais tarde com a intenção de dizer a Jó aquilo que os três amigos não conseguiram formular. Na verdade, Eliú não traz grandes novidades, nem consegue convencer Jó de culpa. Basicamente a fala de Eliú pode ser resumida em uma única frase: Deus se serve do sofrimento para educar o ser humano. Em outras palavras, o sofrimento de Jó faz parte da pedagogia de Deus. Ele fala também por meio do sofrimento.

9. O grande confronto: Javé e Jó (38,1-42,6)

A resposta de Javé pode ser considerada a grande vitória de Jó. Mas, em vez de dar-lhe respostas diretas, Deus o bombardeia com perguntas que o deixam transtornado. Javé não acusa Jó de faltas graves. Seu único erro foi pretender, arrogantemente, enclausurar Deus em seus pensamentos e raciocínios humanos. De fato, ao término do primeiro discurso de Deus (capítulos 38 e 39), Jó declara: "Eu falei com leviandade: o que poderei responder-te? Vou tapar a boca com a mão. Falei uma vez, não vou repetir; falei duas vezes, não acrescentarei mais nada" (40,4-5). Ao final do segundo discurso de Javé (40,6-41,26), temos a derradeira declaração de Jó: "Eu reconheço que tu podes tudo e que nenhum dos teus projetos fica sem se realizar... Falei de coisas que não entendia e de maravilhas que me ultrapassam... Eu te conhecia só por ouvir falar. Agora, porém, os meus olhos te veem. Por isso, eu me retrato e me arrependo, sentado no pó e na cinza" (42,2-6).

O primeiro discurso de Javé (capítulos 38 e 39) fala da sabedoria divina escondida na criação do mundo; sabedoria que o ser humano não consegue desvendar. Por exemplo: Quem vai à praia fica fascinado com a imponência das ondas do mar.

Mas elas se quebram mansamente, não ultrapassando seus limites. O livro de Jó pergunta quem tem o poder de estabelecer um limite às ondas impetuosas. O segundo discurso (40,6-42,6) mostra Deus vencedor das forças do mal, representadas, basicamente, por Beemot e Leviatã.

> **Beemot e Leviatã**
> Beemot foi, muitas vezes, identificado com o elefante ou com um búfalo mitológico. Alguns estudiosos pensam que se trate do hipopótamo, símbolo da força bruta, que o ser humano não consegue domesticar.
> Leviatã é um monstro do caos primitivo, mas no livro de Jó representa o crocodilo, um dos símbolos do Egito.

10. Conclusão (42,7-17)

A conclusão se une à introdução (capítulos 1 e 2), pois ambas são prosa e, juntas, fazem parte da lenda primitiva acerca de Jó. Como foi dito anteriormente, Javé repreende os três amigos e inocenta Jó. Ele não falou nada de errado contra Deus; os três amigos, sim. É mais um golpe fatal na "religião da retribuição". E Jó se torna intercessor junto a Deus para obter o perdão para os três amigos.

O final mostra também a restauração da felicidade de Jó, traduzida em posses duplicadas, bens, família e saúde.

2
O livro dos Salmos

I. CONHECENDO O LIVRO DOS SALMOS

- *O que são os salmos?*

A palavra "salmo" vem da língua grega e significa "uma oração cantada e acompanhada de instrumentos musicais". "Saltério" é o conjunto de 150 salmos, que compõem o mais extenso livro da Bíblia, conhecido como "o livro dos Salmos". O significado da palavra "salmo" já nos fornece uma preciosa indicação: o melhor modo de rezar essas orações é cantando-as, fazendo-se acompanhar por instrumentos musicais.

- *Como cantar essas orações?*

Muitos salmos trazem, no início, indicações de como eram ou deviam ser cantados. Naquele tempo, usavam-se instrumentos musicais próprios da época. Hoje em dia, usam-se instrumentos modernos. O importante é que o instrumento não atrapalhe a oração, mas ajude a rezar, como se o instrumento fosse expressão de nossa voz e nosso coração. O último salmo é uma verdadeira sinfonia, que se torna parte do louvor de quem reza.

- *Não se pode simplesmente rezar os salmos?*

Claro que sim. Porém não se deve esquecer o modo como nasceram. Eles são o fruto mais saboroso da espiritualidade judaica, que o povo de Deus deixou em herança para toda a humanidade. Sempre que possível devemos cantar os salmos, pois muitos deles convocam a natureza, o mundo e tudo o que neles existe ao louvor e à prece. Quando cantamos os salmos, acompanhados de instrumentos, convidamos os metais, os vegetais e tudo o que compõe os instrumentos para que louvem e rezem conosco.

- *Os salmos são poesia. O que isso representa?*

A poesia é o modo mais elevado e sensível de expressar sentimentos. Por exemplo: quando queremos elogiar a beleza de uma criança, dizemos que é uma flor. Evidentemente, estamos usando uma linguagem poética e cheia de sentimento. A poesia, portanto, é o modo de expressão mais profundo que possa existir. Quando rezamos ou cantamos os salmos, é bom prestar atenção à linguagem poética, pois ela se serve de símbolos para dizer aquilo que não conseguimos expressar com palavras comuns.

- *Qual a importância dos salmos na vida de Jesus?*

Ainda hoje, o judeu piedoso faz dos salmos seu alimento espiritual. Sua oração da manhã são os salmos de 146 a 150. Jesus deve ter rezado a cada manhã essas orações. O Evangelho de Mateus diz que, na noite em que foi entregue, após ter celebrado com os discípulos a Páscoa, eles cantaram os salmos próprios para essa festa (Mt 26,30): trata-se dos salmos de 113 a 118. Além disso, Marcos e Mateus afirmam que na cruz ele rezou o salmo 22 ("Meu Deus, meu Deus, por que me abandonaste?" – veja Mt 27,46 e Mc 15,34). Lucas, por sua vez, diz que Jesus rezou o salmo 31 ("Pai, em tuas mãos entrego o meu espírito" – veja Lc 23,46).

- *Qual a importância dos salmos na vida dos primeiros cristãos?*

Os dois livros do Antigo Testamento mais citados no Novo são Isaías e Salmos. Por essa informação pode-se perceber a importância dos salmos na vida dos primeiros cristãos. No dia de Pentecostes, Pedro se serve do Salmo 16 para comprovar a ressurreição de Jesus (veja At 2,25-28). Um pouco adiante, cita o Salmo 110 com o mesmo objetivo (veja At 2,34-35). Em nossas liturgias, há quase sempre um salmo ou parte dele após a primeira leitura. Trocar o Salmo responsorial da missa por outro canto é desprezar o melhor para ficar com o ruim.

- *Qual a importância dos salmos na vida dos cristãos hoje?*

Os salmos são chamados de "A oração da Igreja". Felizmente há uma redescoberta e revalorização dessas orações, não só por parte do clero e dos religiosos, mas também por parte dos leigos de modo geral. E isso é muito bom, pois estamos devolvendo aos salmos aquilo que, desde sempre, lhes pertenceu: ser a melhor fonte de espiritualidade para a humanidade inteira.

- *Por que o número dos salmos é diferente de uma Bíblia para outra?*

A numeração dos salmos é uma questão delicada. Eles foram escritos em hebraico, mas a primeira tradução do Antigo Testamento foi feita em grego uns 200 anos antes de Jesus nascer. É conhecida como a tradução dos Setenta (Septuaginta ou LXX). Essa tradução uniu em um só os Salmos 9 e 10 do hebraico. As traduções para o latim, que vieram depois, seguiram o critério da tradução grega. Dessa forma, os salmos de 11 a 113 na numeração hebraica correspondem aos salmos de 10 a 112 na numeração grega e latina. Os salmos 114 e 115 da numeração hebraica são unidos em um só na numeração grega e latina, formando o Salmo 113. O Salmo 116 do hebraico é dividido em dois pelo grego e latim, formando os Salmos 114 e 115. Desde então, os Salmos de 117 a 146 do hebraico correspondem aos Salmos de 116 a 145 do grego e do latim. O Salmo 147 do hebraico é dividido em dois pelo grego e latim, formando os Salmos 146 e 147. Os últimos três salmos têm a mesma numeração em todas as Bíblias. Veja, a seguir, o esquema:

Numeração hebraica	Numeração grega (e latina)
1-8	1-8
9-10	9
11-113	10-112
114-115	113
116	114-115
117-146	116-145
147	146-147
148-150	148-150

Neste estudo, seguimos sempre a numeração hebraica.

- *Quando surgiram os salmos?*

Os salmos foram surgindo aos poucos, de forma oral. Calcula-se que nasceram ao longo de 600 anos. Alguns são bem antigos, outros apareceram mais próximos ao nascimento de Jesus. Detalhe importante: antes de serem escritos, eles foram vividos e rezados por pessoas concretas, que viviam determinada situação pessoal, de grupo ou até nacional. Essas orações, normalmente, supõem um ambiente aberto, como, por exemplo, o Templo de Jerusalém. Causaram tamanho impacto, que ficaram gravadas na memória das pessoas. Mais tarde, as pessoas que sabiam escrever puseram, por escrito, aquilo que estava na memória do povo, acrescentando, corrigindo, modificando...

- *Quem escreveu os salmos?*

Quem escreveu os salmos foram as pessoas do povo. Como dissemos, eles nasceram de forma oral e, mais tarde, foram postos por escrito e dedicados, por exemplo, ao rei Davi. Esse rei, provavelmente, não escreveu nenhum salmo, mas 73 deles lhe são atribuídos. Alguns deles simulam, inclusive, situações em que determinado salmo surgiu. A razão parece ser esta: o rei Davi passou para a história como homem piedoso que gostava de rezar. A expressão "De Davi" no começo de 73 salmos é mais uma dedicatória do que a indicação de autoria. Postos por escrito, muitos salmos fizeram parte de grupos de cantores, por exemplo: "dos filhos de Coré", ou "do regente do coral" ou "de Asaf" e assim por diante. Na forma atual, ainda é possível encontrar coleções inteiras que serviram para determinadas finalidades. Por exemplo: os salmos de 120 a 134 são chamados de "Cânticos para as subidas". Com grande probabilidade, antes de entrarem no livro dos Salmos, tinham sido uma coleção a serviço dos romeiros que subiam para as festas em Jerusalém.

- *Quando esteve pronto o livro dos Salmos?*

Não se sabe com exatidão, mas, no tempo de Jesus, já está completo e dividido em cinco livros menores, como homenagem aos cinco primeiros livros da Bíblia, chamados de Pentateuco (a Torá, ou seja, a Lei dos judeus). Os salmos, portanto, são a Lei rezada. A divisão em cinco livrinhos é a seguinte: Salmos 1-41; 42-72; 73-89; 90-106; 107-150.

- *Os salmos são todos iguais?*

Não, pois foram muitas as situações que os provocaram. Podemos dividir os salmos em 14 tipos diferentes. Esses 14 tipos podem ser agrupados em 5 famílias.

A primeira família é a dos *Hinos*: hinos de louvor (20 salmos); salmos da realeza do Senhor (6); cânticos de Sião/Jerusalém (7).

A segunda família é a dos *Salmos individuais*: súplica individual (39); ação de graças individual (11); confiança individual (9).

A terceira família é a dos *Salmos coletivos*: súplica coletiva (18); ação de graças coletiva (6); confiança coletiva (3).
A quarta família é a dos *Salmos reais* ou *régios* (11).
A última família é a dos *Salmos didáticos*: liturgias (3); denúncias proféticas (7); históricos (3); sapienciais (11).

- *Como distinguir cada tipo de salmo?*

Observando bem o que fala determinado salmo. Deve-se prestar atenção se é uma pessoa que fala ou um grupo, se estamos diante de um pedido, de um agradecimento ou de uma declaração de confiança. Às vezes, a pessoa simplesmente louva a ação de Deus na história; outras vezes o tema central é a realeza de Deus; outras, ainda, a cidade de Jerusalém/Sião ocupa as atenções. Alguns salmos celebram momentos da vida do rei; outros fazem pensar em celebrações, tais como procissões; outros têm uma linguagem forte, semelhante às denúncias dos profetas; alguns – muito longos – narram parte da história de Israel; finalmente, encontramos salmos que se aproximam dos livros sapienciais, ou seja, seu tema central é o sentido da vida frágil e passageira que temos etc. Alguns salmos misturam vários tipos. De qualquer modo, é sempre aconselhável examinar, com atenção, o texto para poder rezá-lo como convém. Veja, em seguida, a classificação dos salmos de acordo com o tipo:

Hinos (os salmos entre parênteses misturam tipos diferentes). *Hinos de louvor:* 8; 19; 29; 33; 100; 103; 104; (105); 111; 113; 114; 117; 135; 136; 145; 146; 147; 148; 149; 150. *Salmos da realeza do Senhor:* 47; 93; 96; 97; 98; 99. *Cânticos de Sião:* 46; 48; 76; 84; 87; 122; (132).

Salmos individuais. *Súplica individual:* 5; 6; 7; 10; 13; 17; 22; 25; 26; 28; 31; 35; 36; 38; 39; 42; 43; 51; 54; 55; 56; 57; 59; 61; 63; 64; 69; 70; 71; 86; 88; 102; 109; 120; 130; 140; 141; 142; 143. *Ação de graças individual:* 9; 30; 32; 34; 40; 41; 92; 107; 116; 138. *Confiança individual:* 3; 4; 11; 16; 23; 27; 62; 121; 131.

O livro dos Salmos

Salmos coletivos. *Súplica coletiva:* 12; 44; 58; 60; 74; 77; 79; 80; 82; 83; 85; 90; 94; (106); 108; 123; 126; 137. *Ação de graças coletiva:* 65; 66; 67; 68; 118; 124. *Confiança coletiva:* 115; 125; 129.
Salmos reais: 2; 18; 20; 21; 45; 72; 89; 101; 110; 132; 144.
Salmos didáticos. *Liturgias:* 15; 24; 134. *Denúncias proféticas:* 14; 50; 52; 53; 75; 81; 95. *Históricos:* 78; 105; 106. *Sapienciais:* 1; 37; 49; 73; 91; 112; 119; 127; 128; 133; 139.
Abaixo segue a classificação de modo ordenado de cada um dos 150 Salmos da Bíblia.

CLASSIFICAÇÃO DOS SALMOS (Numeração hebraica)

H = Hino de louvor; **RS** = Realeza do Senhor; **S** = Cântico de Sião; **SI** = Súplica individual; **AGI** = Ação de graças individual; **CI** = Confiança individual; **SC** = Súplica coletiva; **AGC** = Ação de graças coletiva; **CC** = Confiança coletiva; **R** = Salmo real; **Hi** = Salmo histórico; **L** = Liturgia; **DP** = Denúncia profética; **Sa** = Salmo sapiencial.

1Sa	16CI	31SI	46S
2R	17SI	32AGI	47RS
3CI	18R	33H	48S
4CI	19H	34AGI	49Sa
5SI	20R	35SI	50DP
6SI	21R	36SI	51SI
7SI	22SI	37Sa	52DP
8H	23CI	38SI	53DP
9AGI	24L	39SI	54SI
10SI	25SI	40AGI	55SI
11CI	26SI	41AGI	56SI
12SC	27CI	42SI	57SI
13SI	28SI	43SI	58SC
14DP	29H	44SC	59SI
15L	30AGI	45R	60SC

Livros Sapienciais

61SI	84S	107AGI	130SI
62CI	85SC	108SC	131CI
63SI	86SI	109SI	132SIR
64SI	87S	110R	133Sa
65AGC	88SI	111H	134L
66AGC	89R	112Sa	135H
67AGC	90SC	113H	136H
68AGC	91Sa	114H	137SC
69SI	92AGI	115CC	138AGI
70SI	93RS	116AGI	139Sa
71SI	94SC	117H	140SI
72R	95DP	118AGC	141SI
73Sa	96RS	119Sa	142SI
74SC	97RS	120SI	143SI
75DP	98RS	121CI	144R
76S	99RS	122S	145H
77SC	100H	123SC	146H
78Hi	101R	124AGC	147H
79SC	102SI	125CC	148H
80SC	103H	126SC	149H
81DP	104H	127Sa	150H
82SC	105H/Hi	128Sa	
83SC	106SC/Hi	129CC	

II. ESTUDO DE ALGUNS SALMOS

Salmo 148

[1]Aleluia!
Louvem a Javé no céu,
Louvem a ele nas alturas.
[2]Louvem a ele todos os seus anjos,
louvem a ele todos os seus exércitos.
[3]Louvem a ele sol e lua,
louvem a ele estrelas brilhantes.

⁴Louvem a ele céus dos céus,
e águas que estão acima dos céus!
⁵Louvem o nome de Javé,
pois ele mandou e foram criados.
⁶Ele os estabeleceu para sempre,
deu a eles uma lei que não passará.

⁷Louvem a Javé, na terra,
peixes de todos os oceanos.
⁸Raios, granizo, neve e neblina,
vento de tempestade que cumpre suas ordens;
⁹montes e todas as colinas;
árvores frutíferas e cedros;
¹⁰feras e animais domésticos,
répteis e aves que voam;
¹¹reis e povos do mundo;
príncipes e chefes da terra;
¹²rapazes e meninas;
idosos e crianças
¹³louvem o nome de Javé,
o único nome sublime,
sua majestade supera o céu e a terra.
¹⁴Ele aumenta o poder de seu povo.
Louvor de todos os seus fiéis,
de Israel, seu povo íntimo.
Aleluia!

1. *Vamos descobrir que tipo de salmo é esse.* Para isso, observe como começa: Aleluia! Louvem (repetido várias vezes). É um hino de louvor e faz parte da oração da manhã dos judeus.

2. *Observe como está organizado.* Em primeiro lugar, convidam-se as criaturas que estão *no céu* para que louvem a Javé (versículo 1): os anjos, os astros, o sol, a lua etc. Por que são convidados ao louvor? A resposta começa com o "pois" do versículo 5 e continua no versículo 6.

Em segundo lugar, convidam-se ao louvor os seres que estão *na terra* (a partir do versículo 7): seres que vivem no mar, fenômenos atmosféricos, acidentes geográficos, reino vegetal, reino animal, pessoas, povo íntimo (Israel). Você encontra aí 24 grupos (12 + 12) convidados a louvar a Deus.

3. *Vamos descobrir o porquê desse salmo.* Ele é um louvor cósmico ao Deus criador, que tem um nome sublime e majestoso: Javé. Ele é também uma crítica aos ídolos adorados por povos vizinhos (sol, lua etc.). O salmo supera a discriminação racial, pois todos os povos são convidados ao louvor.

4. *Descubra você mesmo o retrato de Deus presente nesse salmo.*

5. *Com coração ecumênico e abraçando todo o universo, reze esse salmo.*

Salmo 46 (45)

¹*Do regente do coral. Dos filhos de Coré. Com oboé. Cântico.*
²Deus é para nós refúgio e fortaleza,
socorro nos apertos, sempre disponível.
³Por isso não temos se a terra treme
e as montanhas se abalam nas profundezas do mar.
⁴Suas águas podem ferver e rugir,
e com suas ondas sacudir as montanhas.

Javé dos exércitos está conosco,
nossa fortaleza é o Deus de Jacó.

⁵Um rio com seus canais alegra
a cidade de Deus,
consagrando a morada do Altíssimo.
⁶No meio dela está Deus, ela não se abala,
Deus a socorre ao amanhecer.
⁷Povos estrondam, reis se agitam;
ele levanta a voz, a terra treme.

⁸Javé dos exércitos está conosco,
nossa fortaleza é o Deus de Jacó.

⁹Venham ver as obras de Javé,
os prodígios que provoca na terra:
¹⁰Acaba com a guerra até os confins do mundo:
quebra os arcos, despedaça as lanças
e põe fogo nos carros de guerra.
¹¹"Rendam-se e reconheçam que eu sou Deus,
muito acima dos povos, muito acima da terra!"

¹²Javé dos exércitos está conosco,
nossa fortaleza é o Deus de Jacó.

1. *Vamos descobrir que tipo de salmo é esse.* Leia com calma e preste bem atenção na parte central (versículos de 5 a 7). Neles se fala de uma cidade em paz e inabalável. Esse, portanto, é um salmo da família dos hinos e sua preocupação principal se concentra na cidade de Jerusalém, também chamada de Sião. É, pois, um cântico de Sião.

2. *Observe como está organizado.* Olhando atentamente o modo como o salmo está construído, você vai perceber a presença de um refrão (segunda metade do versículo 4, versículos 8 e 12). O salmo, portanto, tem três partes: versículos de 2 a 4; versículos de 5 a 7; versículos de 9 a 11.

Observe o que está acontecendo em cada parte. Na primeira se fala de terremoto e de maremoto. Naquele tempo, supunha-se que a terra fosse sustentada por colunas invisíveis, cujas bases estivessem nas águas inferiores. Quando essas colunas se abalam no seio do mar, temos o caos universal. Mas Deus é refúgio e força.

A segunda parte é totalmente diferente da primeira. Fala-se de uma cidade inabalável, abastecida de água, no meio da qual está o Deus, que a socorre, apesar do caos em volta dela.

A terceira parte é um convite a contemplar os atos de Javé no mundo inteiro. Ele acaba com as armas de guerra (arcos, lanças, carros), fazendo uma grande fogueira.

3. *Vamos descobrir o porquê desse salmo.* Esse é um salmo nascido por volta do ano 701 antes de Jesus nascer. O general assírio Senaquerib havia cercado a cidade de Jerusalém, esperando que ela se entregasse por falta d'água. O rei de Judá, chamado Ezequias, prevendo o cerco da cidade, iniciou uma extraordinária obra de engenharia. Mandou escavar um túnel para conduzir para dentro da cidade as águas da fonte Gion, que ficava fora dos muros da cidade; a superfície da fonte foi tapada. O túnel passava por baixo das muralhas de Jerusalém, conduzindo a água para dentro de um grande tanque, chamado de piscina de Ezequias (veja 2Rs 18,17). Esse túnel – conhecido como "canal de Ezequias" – ainda existe e pode ser visitado.

Os assírios esperavam a rendição da cidade. Mas Jerusalém continuou a vida normal, com água para beber e para os sacrifícios no Templo. Uma peste matou muitos do exército assírio e fez Senaquerib voltar para sua terra a fim de não perder o resto dos soldados (veja 2Rs 19,35; Is 17,14). No dia seguinte, os habitantes de Jerusalém queimaram todas as armas, fazendo uma grande fogueira. E atribuíram esses acontecimentos a Javé.

4. *Descubra você mesmo o retrato de Deus presente nesse salmo.*

5. *Reze esse salmo pensando na situação de nossas cidades. Em sua opinião, Deus está presente nelas? Existe segurança em nossas cidades?*

Salmo 131 (130)

¹*Cântico para as subidas. De Davi.*
Javé, meu coração não é ambicioso
e meus olhos não se levantam cobiçosos;
não corro atrás de grandezas
ou de maravilhas que me superam.

²Juro que domino e controlo meu desejo.
Como criança no colo de sua mãe,
como criança sustento meu desejo.

³Israel, espere em Javé,
agora e para sempre!

1. *Vamos descobrir que tipo de salmo é esse.* Leia com atenção o salmo. Veja quais sentimentos o autor quis expressar. Perceba que é uma pessoa, e não um grupo que fala. Comprove ser esse um salmo de confiança individual.

2. *Observe como está organizado.* Não é tão simples descobrir como foi organizado esse salmo. Ele tem três momentos: no primeiro (versículo 1), a pessoa fala com Deus, dizendo *aquilo que não ousa fazer*: ter um coração ambicioso, ter olhos cobiçosos, correr atrás de grandezas e de maravilhas que o superam.

No segundo momento, a pessoa continua falando com Deus, dizendo-lhe *aquilo que faz*: domina e controla a própria ambição e se compara à criança no colo da mãe (em sua Bíblia a tradução pode ser um pouco diferente).

No terceiro momento, a pessoa se dirige a todo o povo, pedindo-lhe confiança permanente em Deus.

3. *Vamos descobrir o porquê desse salmo.* Esse salmo nasceu de uma pessoa que superou a grande tentação da serpente em Gênesis 3,5: "Vocês serão como Deus". Vamos ver isso de perto: *a pessoa nega quatro coisas*. A primeira é não ter coração ambicioso. Ter coração ambicioso é comportamento de quem pretende ocupar o lugar de Deus (veja Ez 28,2.17). A segunda coisa que a pessoa nega é ter olhos cobiçosos. Eles são sinônimo de orgulho e também são expressão de quem pretende ocupar o lugar de Deus (veja 2Sm 22,28; Pr 21,4 e 30,13). A terceira e a quarta negações: correr atrás de grandezas e maravilhas. Na Bíblia, só Deus faz grandezas e maravilhas. Elas são sempre atos de libertação. Quando a pessoa pretende fazê-las, acaba gerando opressão, como se diz no livro de Daniel 11,36.

No segundo momento, *a pessoa mostra quem ela é:* alguém que fez calar e repousar a própria ambição, sem dar ouvidos à voz da serpente, que prometia: "Vocês serão como Deus". A imagem é muito significativa: a pessoa descansa no calor aconchegante do colo de Deus, qual criança no colo da mãe.

O terceiro momento é um convite para que todos adotem esse comportamento: abandonar-se com confiança em Deus.

4. *Descubra você mesmo o retrato de Deus presente nesse salmo. Não esqueça "o colo materno de Deus".*

5. *Reze esse salmo como expressão de total confiança em Deus.*

Salmo 143 (142)

¹*Salmo. De Davi.*
Javé, escuta minha oração,
presta atenção à minha súplica;
és fiel, responde-me com tua justiça.
²Não leves teu servo ao tribunal,
pois diante de ti nenhum ser vivo é inocente.
³O inimigo me persegue mortalmente,
já tritura minha vida contra o solo,
faz-me habitar nas trevas
como os que morrem para sempre.
⁴Sinto que vou desmaiar,
dentro de mim o coração se assusta.
⁵Recordo os tempos passados,
fico pensando em todas as tuas ações,
refletindo sobre a obra de tuas mãos.
⁶Estendo as mãos para ti,
minha garganta é como terra seca.

⁷Responde-me logo, Javé,
pois estou desmaiando.
Não me escondas o rosto,
para que eu não seja como os que descem à cova.

⁸Pela manhã, faz-me ouvir o teu amor,
pois confio em ti.
Faz-me ver o caminho que devo seguir,
pois a ti elevo minha alma.
⁹Liberta-me de meus inimigos, Javé,
pois me abrigo em ti.
¹⁰Ensina-me a fazer tua vontade,
pois tu és meu Deus.
Teu bom espírito me guie por terra plana.
¹¹Por teu nome, Javé, faz-me viver,
por tua justiça tira minha vida do aperto;
¹²por teu amor extermina meus inimigos,
destrói meus opressores, pois eu sou teu servo.

1. *Vamos descobrir que tipo de salmo é esse.* Leia com atenção o salmo. Observe algumas coisas: é uma pessoa que fala com Deus; ela fala pedindo ("escuta", "presta atenção", "responde-me"; anote os verbos que formam pedidos); ela está angustiada. Estamos, pois, diante de uma súplica individual. É o tipo mais frequente.

2. *Observe como está organizado.* Os salmos de súplica individual, normalmente, têm uma introdução, caracterizada por pedidos urgentes. Anote isso relendo os versículos 1 e 2. Observe também que os pedidos retornam a partir do versículo 7. O salmo, então, possui duas partes: de 1 a 6 e de 7 a 12.

Depois dos pedidos costuma aparecer a descrição da situação vivida pela pessoa. Veja como isso é verdade a partir do versículo 3 (primeira parte) e a partir do versículo 9 (segunda parte). É o miolo ou centro do salmo.

Normalmente, esse tipo de salmo termina com uma promessa ou com renovados pedidos. Comprove isso relendo o final do salmo.

3. *Vamos descobrir o porquê desse salmo.* A pessoa que criou esse salmo tem consciência dos próprios pecados e pensa que por isso está sofrendo todas essas coisas. O que estava acontecendo?

O salmo recorda quatro vezes um grupo hostil a essa pessoa (inimigos). E o que eles fazem? Perseguem o justo, esmagam por terra a vida dele, e ele já se vê descendo ao túmulo. Não tem forças para reagir, está arrasado e sem ânimo, parece estar desmaiando, coração apertado... Sobram-lhe apenas algumas esperanças, como a lembrança das ações de Deus no passado, a confiança na fidelidade de Deus, apesar dos próprios pecados. Por isso estende as mãos.

4. Descubra você mesmo o retrato de Deus presente nesse salmo.
5. Reze esse salmo suplicando por você e por todos os que clamam em qualquer situação.

Salmo 12 (11)

¹*Do regente do coral. Sobre a Oitava. Salmo. De Davi.*
²Socorro, Javé! O fiel está sumindo
e desaparece a sinceridade entre as pessoas!
³Não fazem mais que mentir uns aos outros,
com lábios mentirosos e segundas intenções.
⁴Corte Javé os lábios mentirosos
e a língua arrogante dos que dizem:
⁵"A língua é a nossa força,
nossos lábios são nossas armas,
quem conseguirá nos dominar?"

⁶Javé declara: "Agora eu me levanto
por causa da opressão dos pobres
e do gemido dos indigentes.
E vou salvar sua testemunha".

⁷As palavras de Javé são palavras limpas
como prata purificada no fogo,
sete vezes purificada.
⁸Tu, Javé, nos guardarás,
nos livrarás dessa gente para sempre,
⁹desses perversos que vadiam
como vermes ao redor das pessoas.

1. *Vamos descobrir que tipo de salmo é esse.* Leia com atenção e perceba que é oração de um grupo (versículo 8). Veja a primeira palavra ("Socorro"). É um grupo que grita. Portanto, essa é uma súplica coletiva.

2. *Observe como está organizado.* Olhe o texto do salmo em seu conjunto. Perceba como alguns versículos estão mais recuados que os outros. Detenha-se no versículo 6. É o centro do salmo e traz a declaração solene de Javé. A seguir, compare os versículos 4 e 5 com o versículo 7. Anote os contrastes, sobretudo o contraste entre as palavras dos mentirosos e as palavras de Javé. Finalmente, compare o começo e o fim do salmo. No começo, você encontra um pedido de socorro porque a mentira é a regra em todas as relações humanas. No fim, você descobre a certeza de que Javé guardará e livrará para sempre o grupo que clama.

Observe algumas imagens fortes. No versículo 5, os mentirosos usam uma comparação tirada do campo militar. A mentira é a arma deles, e com ela constroem um império que ninguém pode dominar. Atacam e defendem mentindo. Observe, agora, o versículo 7: as palavras de Javé são comparadas à prata mais pura, refinada sete vezes.

3. *Vamos descobrir o porquê desse salmo.* Esse salmo mostra o conflito entre dois grupos: de um lado estão os que enganam, mentem e são arrogantes; exaltam a corrupção e sua arma chama-se mentira ou falsidade. Atacam com a língua e defendem-se com os lábios. São muito fortes e bem organizados. O outro grupo é o dos fiéis, que não se conformam e gritam por socorro, pois todas as relações humanas estão contaminadas pela ganância, pela propaganda enganosa, pela mentira e pela corrupção. Eles são corajosos, mas sabem que correm perigo, pois o clamor deles poderá custar caro, visto que não há mais lealdade ou sinceridade nas relações humanas. Clamam, por isso, a Javé, sua única força, para que intervenha, cortando os lábios enganadores e a língua mentirosa.

O salmo, portanto, nasceu em uma sociedade corrupta e injusta, na qual os injustos, corruptores e corrompidos crescem à sombra da impunidade. A propaganda enganosa dá a impressão de que tudo está muito bem. Um grupo cada vez menor por causa da sedução da propaganda resolve denunciar essa mentira, pois se trata de um plano social, que vai gerando sempre mais pobres oprimidos e necessitados que gemem. Se ninguém tomar iniciativa e se Javé não intervier, em breve, a sociedade inteira estará mergulhada na mentira, corrupção e impunidade.

4. *Descubra você mesmo o retrato de Deus presente nesse salmo. Não deixe de explorar o versículo 6, comparando-o com o livro do Êxodo.*

5. *Reze esse salmo suplicando por você e por todas as vítimas da mentira, da corrupção e da impunidade.*

Salmo 2

¹Por que as nações conspiram
e os povos tramam coisas vãs?
²Por que os reis do mundo se organizam
e os príncipes se reúnem secretamente
contra Javé e contra seu Ungido?
³"Vamos arrebentar suas correntes
e sacudir seu jugo!"

⁴Aquele que está sentado no céu sorri,
Javé caçoa deles.
⁵Depois lhes fala com ira
e com seu furor os deixa apavorados:
⁶"Eu mesmo ungi o meu rei
em Sião, meu monte santo".
⁷Vou proclamar o decreto de Javé:
Ele me disse: "Você é meu filho,

hoje eu o gerei.
⁸Peça-me, e lhe darei como herança as nações,
os confins do mundo como propriedade.
⁹Com cetro de ferro você os esmagará,
os despedaçará como potes de barro".

¹⁰Agora, reis, tenham bom senso,
poderosos do mundo, aceitem a correção.
¹¹Sirvam a Javé com temor,
¹²beijem tremendo seus pés;
para que não percam o caminho,
pois sua ira se acende rapidamente.

Felizes aqueles que nele se abrigam.

1. *Vamos descobrir que tipo de salmo é esse.* Leia o salmo com atenção e anote as principais personagens presentes. Você acabará descobrindo que a figura central é a pessoa do rei. Portanto, esse é um salmo real ou régio, que celebra um momento importante na vida da maior autoridade política do povo de Deus: o dia da posse do novo rei.

2. *Observe como está organizado.* O salmo tem quatro cenas bem distintas. Na primeira (versículos de 1 a 3), pergunta-se por que as nações e os reis da terra se revoltam contra Javé e contra seu Ungido, isto é, o rei de Judá. Na segunda cena (versículos de 4 a 6), temos a reação de Javé contra os reis das nações, que se revoltaram na cena anterior. A reação de Javé tem dois momentos: primeiro ele ri, depois os confunde irado, consagrando (ou seja, ungindo) um novo rei. Na terceira cena (versículos de 7 a 9), aparece o novo rei que, em nome de Javé, declara seu programa de governo, pois, no dia da posse, o rei é adotado por Deus como filho. O programa do governo do novo rei é conquistar todas as nações e quebrá-las como se quebra um pote de barro. Na última cena (versículos de 10 a 12), intervém uma pessoa ligada ao novo rei. Ela se dirige aos chefes das nações, pedindo-lhes que obedeçam a Javé e ao novo rei, para que não lhes aconteça algo fatal.

3. *Vamos descobrir o porquê desse salmo.* Esse salmo surgiu logo após a morte de um rei de Judá que mantinha sob seu poder os povos vizinhos. A morte do velho rei foi ocasião para que os chefes das nações dominadas planejassem uma revolta em vista da independência (releia a primeira cena). Logo em Judá, o filho sucessor tomou posse, e os chefes das nações dominadas foram à festa com a intenção de provocar um atentado (segunda cena). Na hora da posse, o novo rei anunciou seu programa de governo: como filho de Deus, recebeu em herança todos os povos, e era dever seu governá-los com cetro de ferro e quebrá-los como potes de barro (releia a terceira cena). Depois disso, os chefes das nações dominadas presentes foram convidados a prestar homenagem ao novo rei, em nome de Javé. A homenagem, provavelmente, consistia em beijar-lhe os pés (em sua Bíblia a tradução pode ser um pouco diferente). Se por acaso alguém se recusasse a fazê-lo, com muita probabilidade sofreria um atentado ao voltar para seu país.

4. *Descubra você mesmo o retrato de Deus presente nesse salmo.*

5. *Os primeiros cristãos gostavam muito desse salmo, pois o rezavam pensando em Jesus Rei, cuja realeza é totalmente diferente daquela que ele apresenta. Reze o salmo pensando naquilo que significa o Reino de Deus anunciado por Jesus.*

Salmo 15 (14)

Salmo. De Davi.

¹Javé, quem poderá hospedar-se em tua tenda?
Quem habitará em teu monte santo?

²Quem age com integridade
e pratica a justiça;
quem fala sinceramente a verdade
³e não calunia com sua língua;

quem não faz mal ao próximo
e não difama seu vizinho;
⁴quem despreza aquele que Deus reprova
e honra os que respeitam Javé;
quem mantém o que jurou
mesmo levando prejuízo;
⁵quem não empresta dinheiro a juros
e não se corrompe prejudicando o inocente.

Quem age assim nunca ficará abalado.

1. *Vamos descobrir que tipo de salmo é esse.* Leia o salmo e observe atentamente as duas perguntas iniciais. Elas querem saber quais são as condições para acampar nos espaços do Templo de Jerusalém durante as grandes festas, que normalmente duravam uma semana. O Templo estava construído sobre o monte Sião, e aqui é chamado de "tenda". Essas eram as perguntas feitas pelos romeiros aos sacerdotes porteiros do Templo. O salmo, portanto, é um fragmento de liturgia, uma espécie de "rito da porta". Pertencem a esse grupo também os salmos 24 e 134.

2. *Observe como está organizado.* Olhando com atenção o salmo, você percebe duas perguntas iniciais (versículo 1) e uma longa resposta (versículos de 2 a 5). A última frase encerra o salmo, afirmando: quem age desse modo, não só pode acampar, como jamais será abalado. As duas perguntas são feitas pelos romeiros que chegam ao Templo para as festas. O restante é resposta dos plantonistas junto à entrada do Templo.

A resposta é um elenco muito importante de exigências. Os romeiros poderiam estar ritualmente impuros por inúmeros motivos: ter tocado algum animal morto, ter tido secreções orgânicas – a menstruação para as mulheres e a poluição noturna para os homens. Todavia, as exigências feitas não se importam com a pureza ritual, mas vão todas na linha horizontal, mostrando que a religião verdadeira é criar relações de fraternidade e de justiça entre as pessoas. São ao todo *doze* exigências. Nenhuma delas se refere diretamente a Deus; vão todas ao encontro do próximo.

3. *Vamos descobrir o porquê desse salmo.* Esse salmo refere-se ao costume de as pessoas se hospedarem nos pátios do Templo e ao redor dele durante as festas. O livro do Levítico fazia muitas exigências acerca de pessoas e animais a serem sacrificados. Ele ignora totalmente essas exigências e apresenta outras na linha daquilo que os dez mandamentos prescrevem em relação ao próximo. Estas são as condições: ser íntegro; praticar a justiça; falar com sinceridade; não caluniar; não prejudicar o próximo; não difamar o vizinho; não se aliar com o injusto; honrar quem teme a Javé; sustentar o que foi jurado no tribunal; não voltar atrás no juramento, mesmo que tenha de perder alguma coisa; não emprestar dinheiro a juros; não se corromper no tribunal, aceitando propinas para prejudicar o inocente.

As condições falam da integridade que está dentro da pessoa e se reflete fora dela, em uma atitude ética. Abraça a vida social, o mundo da economia e o campo da justiça. Isso é religião. As condições exigem respeito absoluto pelo ser humano e pela vida.

4. *Descubra você mesmo o retrato de Deus presente nesse salmo. O que Deus pede para si?*

5. *Reze esse salmo pedindo que Deus lhe dê uma consciência sempre mais esclarecida de que religião não é simples rito, mas expressão de uma vida íntegra.*

Salmo 1

¹Feliz quem não vai à reunião dos perversos,
não para no caminho dos pecadores,
nem se assenta na roda dos zombadores.
²Ao contrário, tem prazer na Lei de Javé
e medita sua Lei dia e noite.
³Será como árvore plantada junto ao riacho,
que dá fruto em sua estação
e sua folhagem não murcha.
Tudo o que faz será bem-sucedido.

⁴Isso não acontece com os perversos:
serão como cisco que o vento espalha.

⁵Por isso, no julgamento,
os perversos não vão ficar de pé,
nem os pecadores na assembleia dos justos.
⁶De fato, Javé conhece o caminho dos justos,
mas o caminho dos perversos se arruína.

1. *Vamos descobrir que tipo de salmo é esse.* Leia o salmo com atenção e observe como começa ("Feliz"); anote o contraste entre a vida do justo e a vida do perverso. Perceba que o salmo trata do sentido e da orientação que damos à vida: alguém é proclamado feliz, ao passo que outros caminham para a ruína. Os salmos com temas semelhantes a esses são chamados de sapienciais, pois sábio é quem teme a Deus.
2. *Observe como está organizado.* Observe que o salmo fala de dois modos diferentes de conduzir a própria vida. Em primeiro lugar, mostra a felicidade do justo, dizendo *o que ele não faz*: não vai à reunião dos perversos, não para no caminho dos pecadores, nem se assenta na roda dos zombadores. Em seguida, diz *o que ele faz*: encontra prazer em meditar a Lei de Javé continuamente. Para mostrar a vitalidade desse estilo de vida, o salmo utiliza a imagem de uma planta viçosa, que não conhece a seca nem deixa de produzir frutos.

O salmo gasta poucas palavras para falar da conduta do perverso. Compara-o, simplesmente, a um cisco arrebatado pelo vento.

Observe a última parte do salmo (versículos 5 e 6), em que se fala de julgamento; somente agora Deus intervém, favorecendo os justos e deixando que os injustos (perversos) encontrem a própria sorte, ou seja, a recompensa por aquilo que fizeram.

3. *Vamos descobrir o porquê desse salmo.* Esse salmo é a porta de entrada para todo o livro e mostra dois modos de endereçar a própria vida: pelo caminho da justiça para encontrar a felicidade ou pelo caminho da injustiça para desembocar na ruína. Ele é uma espécie de síntese de todo o livro dos Salmos. A imagem da planta viçosa e do cisco carregado pelo vento são tiradas da roça. Quem criou esse salmo era, provavelmente, alguém ligado à luta dos camponeses contra a exploração dos grandes e poderosos. Além disso, o salmo mostra uma grande e cruel verdade: o caminho da injustiça é mais fácil e sedutor. De fato, o justo sofre a tentação de se comportar como os perversos, que possuem suas assembleias. Nas primeiras três frases, podemos vislumbrar como é forte a tentação de trilhar o caminho da injustiça: o justo não pode ir, parar ou sentar em companhia dos perversos.

4. *Descubra você mesmo o retrato de Deus presente nesse salmo.*
5. *Reze esse salmo pedindo a Deus que mostre a você e a todos o caminho da felicidade.*

3
O livro dos Provérbios

I. ANTES DE OLHAR DE PERTO O LIVRO

Antes de olhar de perto o livro, vamos responder às questões mais comuns acerca desse tema.

- *O que é um provérbio?*

Provérbio é uma frase curta, muitas vezes com ritmo e rima, que vale por muitas palavras. Ele expressa uma verdade colhida da experiência humana e da observação atenta da realidade. Por exemplo, em vez de fazer longos discursos sobre a influência das boas ou más companhias, você pode, simplesmente, arrematar: "Dize-me com quem andas e eu te direi quem és!" Veja o ritmo e a rima deste: "Água mole em pedra dura tanto bate até que fura". Ou este, que eu mesmo criei: "Osso duro de roer, caldo bom há de fazer".

Tente resumir em uma palavra os seguintes provérbios portugueses, mesmo que a palavra não diga tudo. O exercício serve para perceber como os provérbios dizem muito em poucas palavras.

Exemplo:
"A cavalo dado não se olha o dente". → *Gratidão*.

> "A desgraça não marca encontro".
>
> ___
>
> "A falta do amigo há de se conhecer, mas não aborrecer".
>
> ___
>
> "A galinha da vizinha é sempre melhor que a minha".
>
> ___
>
> "A ocasião faz o ladrão".
>
> ___

Respostas: Sorte; Amizade; Inveja; Honestidade.

- *Quem criou os provérbios?*

Os provérbios são como os cristais: não nasceram da noite para o dia, mas são fruto da observação atenta da realidade ao longo de séculos, passando de geração em geração. Sendo frutos da sabedoria popular, não têm outro autor a não ser o povo. Podem ter sido trabalhados e burilados por peritos, mas seus criadores são as pessoas que observaram atentamente o cotidiano da vida. Exemplo: quem descobriu que o vermelhão do amanhecer é sinal de chuva durante o dia? Impossível dizer. Só se pode dizer que é fruto de muita observação e experiência de vida.

Provérbios chineses

Leia e aprecie estes provérbios chineses. A seguir, reflita sobre esta pergunta: Você acredita que Deus se revela também nos provérbios de um povo não cristão?

"Ser pedra é fácil, o difícil é ser vidraça."
"A quem sabe esperar o tempo abre as portas."
"O fracasso é a mãe do sucesso."

> "Todas as flores do futuro estão nas sementes de hoje."
> "Melhor é acender uma vela do que amaldiçoar a escuridão."
> "Quando um homem descobre que seu pai tinha razão, geralmente já tem um filho que o acha um errado."

- *Existem provérbios preconceituosos?*

Sim, pois por trás de um provérbio existe uma cultura, que pode ser preconceituosa ou não. O provérbio é um modo de expressar a cultura de um povo. Você, provavelmente, conhece provérbios preconceituosos a respeito de mulheres, de negros, de indígenas etc. No livro dos Provérbios, há sentenças que revelam preconceitos contra as mulheres estrangeiras.

- *Como os provérbios funcionam?*

Além de serem bem construídos, compactos, concisos, muitos provérbios da Bíblia seguem a técnica dos provérbios salomônicos. Eles têm duas partes: a primeira afirma uma verdade; a segunda diz o oposto da primeira, ou a completa, ou afirma praticamente a mesma coisa com outras palavras. Isso significa que a segunda parte pode ser modificada ao sabor de quem escuta e tem experiência. Exemplos:

1. Provérbio em que a segunda parte afirma o oposto da primeira:

1ª parte: O honesto será bem-sucedido,
2ª parte: o desonesto fracassará.

2. Provérbio em que a segunda parte completa a primeira:

1ª parte: O honesto será bem-sucedido,
2ª parte: seus empreendimentos não fracassarão.

3. Provérbio em que a segunda parte afirma praticamente a mesma coisa com outras palavras:

1ª parte: O honesto será bem-sucedido,
2ª parte: sua honestidade lhe garante sucesso.

- *Como está organizado o livro dos Provérbios?*

O livro dos Provérbios é, na verdade, uma coleção de provérbios. A ordem em que os capítulos aparecem não corresponde à data em que surgiram. Em outras palavras, a parte mais antiga se encontra em 10,1-22,16. O começo do livro, até o final do capítulo 9, é o mais recente e foi posto no início para servir de introdução. O livro possui 9 unidades:

1,1-9,18: introdução;
10,1-15,33: pequeno tratado de moral social, ou seja, como conviver em sociedade;
16,1-22,16: resumo destinado aos que desempenham cargos administrativos, ou seja, manual para a formação de altos funcionários;
22,17-24,22: parte mais antiga do livro, inspirada em um texto egípcio chamado "A Sabedoria de Amenenopê". Manual para formação de diplomatas;
24,23-34: acréscimo da unidade anterior;
25,1-29,7: coleção que trata da vida social e do governo;
30,1-14: a sabedoria de Agur, um estrangeiro;
30,15-33: provérbios numéricos;
31,1-9: texto atribuído a uma mãe estrangeira que educa o filho para governar com justiça;
31,10-31: a Sabedoria personificada em uma esposa ideal.

- *Qual a importância do livro dos Provérbios para o Novo Testamento?*

O Novo Testamento cita diretamente dez vezes esse livro, e umas vinte vezes indiretamente. Além disso, não se deve menosprezar o fato de que para vários autores do Novo Testamento Jesus é apresentado como a Sabedoria de Deus, entre eles, Paulo e o Evangelho de João.

• *Se os capítulos do livro de Provérbios não estão em ordem cronológica, por onde começar sua leitura e estudo?*

Pode-se seguir a ordem sequencial do livro, pois foi assim que o pensaram aqueles estudiosos judeus que lhe deram o formato final.

Brincando com provérbios

Complete a segunda parte destes provérbios brasileiros:

1. Água mole em pedra dura...

   _____

2. Nem tudo o que reluz...

   _____

3. Quem tudo quer...

   _____

Respostas: tanto bate até que fura; é ouro; nada tem.

Acrescente a segunda parte destes provérbios, dizendo o oposto da primeira (a seguir, confira em sua Bíblia no livro dos Provérbios).

1. A mulher sábia constrói seu lar;

   _____

   _____ (14,1).

2. O justo come e se sacia,

_____

_____ (13,25).

3. O caminho do preguiçoso é cercado de espinhos,

_____

_____ (15,19).

4. Mais vale um prato de verdura, com amor

_____

_____ (15,17).

II. OLHANDO DE PERTO O LIVRO

Já vimos que o livro é composto de nove unidades. Seguiremos a ordem sequencial, sublinhando aquilo que acharmos que mereça maior atenção.

1. Introdução (1,1-9,18)

Esta é a parte mais nova do livro e foi colocada aqui para servir de introdução. Deve ter surgido depois que os judeus regressaram do cativeiro na Babilônia (ano 538 antes de Jesus nascer). A partir do exílio, não existe mais a figura do rei, e poucos são os profetas. Como poderá o povo de Deus governar-se sem a presença e a liderança desses personagens? Eis que surge uma proposta ousada: o povo saberá se governar mediante a posse da Sabedoria, que é fruto da experiência histórica. Olhando para o passado, o povo poderá se autogovernar. A Sabedoria, então, torna-se uma espécie de líder que conduz cada pessoa e todo o povo à posse da vida. Talvez seja por isso que os textos aparecem como se fossem um pai falando a seu filho, a experiência do passado iluminando a caminhada presente.

Mas onde está a Sabedoria e como alcançá-la? Ela está junto de Deus, é sua maior característica e até se confunde ou identifica com ele. É ele, portanto, quem pode concedê-la aos humanos. Para adquiri-la, a pessoa tem de ser humilde e pedi-la a Deus. Ela é portadora de vida, pois "na mão direita ela tem vida longa, e na esquerda, riqueza e honra" (3,16). Quem a possui terá honra e se tornará pessoa sábia.

A Sabedoria tem uma rival chamada Loucura ou Insensatez. Ambas convidam o ser humano para que as aceite como companheiras de vida. Mas a Insensatez torna insensata a pessoa que lhe dá ouvidos, pois só pode dar o que tem e o que é. Também a Sabedoria aborda e convida as pessoas, dando-se a quem a acolhe e tornando essa pessoa sábia: "Gente sem juízo, venham aqui! Quero falar aos que não têm juízo. Venham comer do meu pão e beber do vinho que eu preparei. Deixem de ser ingênuos, e assim terão vida. Sigam o caminho da inteligência" (9,4-6).

A Sabedoria, finalmente, pode ser identificada da seguinte maneira: o sentido da vida que Deus escondeu em cada coisa ou ser que ele criou. A criação, portanto, é como uma grande caça ao tesouro; em outras palavras, o desafio que se põe ao ser humano é descobrir o porquê de cada coisa. Descobrindo-o, a pessoa se torna sábia e encontra um pedacinho de Deus em cada coisa criada.

> **Para saber mais**
> Leia 1,1-9,18 e anote outros dados importantes acerca da Sabedoria.

2. Como conviver em sociedade (10,1-15,33)

Esta coleção de provérbios parece ter sido organizada no tempo em que Josias era rei de Judá (de 640 a 609 antes de Jesus nascer; veja 2Rs 22-23). Esse rei reformou o país do ponto de vista político e também religioso, movido talvez pela descoberta do livro do Deuteronômio. Por isso a motivação religiosa desses provérbios.

É um pequeno tratado de moral social, ou seja, traz orientações de como viver honestamente em um ambiente em que a injustiça, muitas vezes, é lei. O tema central é o conflito entre justo e injusto, como vemos frequentemente também nos Salmos. É aqui que encontramos provérbios curtos, de duas partes, como foi dito anteriormente. Alguns exemplos:

"Tesouros injustos não servem para nada,/ mas a justiça livra da morte" (10,2).

"A memória do justo é bendita,/ mas a fama dos injustos apodrece" (10,7).

"A justiça salva os retos,/ mas os traidores são apanhados na própria cobiça" (11,3).

"Quem pratica a justiça vai ao encontro da vida;/ quem segue o mal vai ao encontro da morte" (11,19).

"O justo mostra o caminho a seu semelhante;/ mas o caminho dos injustos extravia a eles próprios" (12,26).

"A justiça faz o país progredir,/ mas a injustiça empobrece os povos" (14,34).

"O temor de Javé é escola de sabedoria,/ e à frente da honra caminha a humildade" (15,33).

Sugestões de atividades (escolher uma)

1. Escolher um desses provérbios e mudar a segunda parte, de acordo com a experiência de vida que se tem.

2. Escolher um desses provérbios e constatar que é verdadeiro com fatos tirados de nosso cotidiano.

3. Ler toda a coleção (10,1-15,33) e anotar os provérbios que achar mais interessantes.

4. Descobrir em sua cultura provérbios semelhantes envolvendo o tema justiça x injustiça.

3. Para a formação de altos funcionários (16,1-22,16)

Esta coleção tem as mesmas características da coleção anterior. A finalidade é a formação dos altos funcionários da corte, ensinando-lhes o discernimento da justiça. Alguns exemplos:

"Mais vale pouco com justiça,/ do que muito lucro violando o direito" (16,8).
"O suborno é talismã para quem o dá;/ com ele, consegue tudo o que deseja" (17,8).
"Quem paga o bem com o mal/ terá sempre o mal em sua casa" (17,13).
"Não adianta o insensato ter dinheiro para comprar sabedoria,/ porque ele não aprende coisa alguma" (17,16).
"Não é justo favorecer o culpado,/ deixando de fazer justiça ao inocente" (18,5).
"O violento dever ser punido;/ se você o poupar, ele se tornará pior" (19,19).
"Quem maltrata o pai e expulsa a mãe/ é filho desonrado e infame" (19,26).
"Praticar o direito é alegria para o justo/ e terror para os malvados" (21,15).
"Boa fama vale mais que a riqueza,/ e simpatia vale mais que ouro e prata" (22,1).

> **E hoje?**
> Escolha um desses provérbios e compare-o com o atendimento que o povo recebe nas repartições públicas.

4. A formação de diplomatas (22,17-24,22)

Esta é a parte mais antiga do livro, que pode ter origem em Salomão. Baseia-se em um livro sapiencial do Egito, chamado "A Sabedoria de Amenenopê". Serve para a formação de diplomatas. São 30 provérbios de tamanhos variados que não respeitam a técnica do provérbio salomônico. Eis alguns exemplos:

"Não coma na casa do invejoso, nem cobice as comidas de sua casa, pois ele só pensa em si mesmo, dizendo: 'Coma e beba!' Todavia, ele não é sincero. Então você vai vomitar aquilo que comeu e desperdiçará palavras amáveis" (23,6-8).

"Não se alegre com a queda de seu inimigo e não faça festa quando ele tropeçar. Javé poderia ver isso, ficar irritado e desviar contra você sua ira" (24,17-18).

"Não se irrite por causa dos maus, nem tenha inveja dos injustos, porque o malvado não tem futuro, e a lâmpada dos injustos vai se apagar" (24,19-20).

> **Exercício**
> A partir dessas breves orientações, trace o perfil de um político. Como deveria ser quem representa o país diante de outra nação?

5. Acréscimo (24,23-34)

Esses poucos versículos são um acréscimo ao que vimos no número 3. Um exemplo:

"Jamais diga: 'Vou fazer para meu inimigo o mesmo que ele fez para mim. Vou lhe pagar com a mesma moeda'" (24,29).

> Compare essa afirmação com o ensinamento de Jesus em Mateus 5,38-39.

6. Vida social e governo (25,1-29,7)

Esta coleção surgiu no tempo em que Ezequias foi rei de Judá (de 716 a 687 antes de Jesus nascer). Esse rei tinha um plano ambicioso: reconstruir o império de Davi e Salomão, unindo os dois reinos, cuja separação se deu em 931 antes de

Cristo. Ajudado por sábios da corte, Ezequias reuniu e publicou muitos provérbios, atribuídos ao rei Salomão. É a cultura popular a serviço do projeto político do rei: a unidade nacional. Vejamos alguns exemplos:

a. Vida social

"Maçã de ouro em bandeja de prata/ é a palavra dita na hora certa" (25,11).

"Não frequente demais a casa de seu vizinho,/ para que ele não se canse e se aborreça com você" (25,17).

"Não conte vantagem do amanhã,/ porque você não sabe o que o dia de hoje vai gerar" (27,1).

"O tapa do amigo demonstra lealdade,/ mas o beijo do inimigo é mentiroso" (27,6).

"O rosto de uma pessoa se reflete na água,/ e a pessoa se reflete em sua consciência" (27,19).

b. Ética para governar

"Quando em um país reina a violação do direito, as lideranças se multiplicam;/ mas a pessoa que tem juízo e é prudente conserva o direito" (28,2).

"Quando vencem os justos, que grande festa!/ Quando governam os injustos, todos buscam refúgio" (28,12).

"Quem rouba seus pais e diz que isso não é pecado/ torna-se cúmplice de bandidos" (28,24).

"Quando governam os justos, o povo fica contente;/ quando governa o injusto, o povo protesta" (29,2).

"Quando o rei faz justiça aos fracos,/ seu trono é estável para sempre" (29,14).

Comparando com hoje
Escolha um dos itens (a ou b) e compare com nossa realidade. Você conhece provérbios que enriquecem o item escolhido?

7. A sabedoria do estrangeiro Agur (30,1-14)

Esta breve coleção é de autoria de Agur, um sábio estrangeiro. O tema central é o fascínio de quem contempla o universo e a perplexidade diante da injustiça que massacra os pobres. Veja um exemplo:

"Quem subiu ao céu e de lá desceu? Quem recolheu o vento na mão? Quem recolheu o mar no manto? Quem estabeleceu os confins do mundo?... Existe gente cujos dentes parecem espadas, o queixo deles se parece com punhal, para eliminar da terra os pobres e do meio do povo os indigentes" (30,4.14).

> **Mistério e escândalo**
> Leia 30,1-14 e reflita: o mistério do universo e o escândalo da miséria podem tornar-nos sábios? Como?

8. Mexendo com números (30,15-33)

30,15-33 é uma pequena coleção de provérbios, a maioria deles conhecidos como "provérbios numéricos". O que é um provérbio numérico? É uma sequência – aqui de quatro coisas – que pretende chamar a atenção para a última, a mais importante. Um exemplo tirado de um rapaz apaixonado: "Três coisas me encantam e uma quarta me fascina: o perfume das flores, uma noite de luar, uma canção romântica e a beleza da minha namorada". Como foi dito, o provérbio numérico desse rapaz quer sublinhar a beleza de sua companheira. Vejamos um exemplo do livro dos Provérbios:

"Existem três seres com porte formoso, e um quarto cujo andar impressiona: o leão, o mais valente entre as feras, que não recua diante de ninguém; o galo empinado diante das galinhas; o bode que caminha à frente do rebanho, e o rei que chefia seu exército" (30,29-31).

> **Brincando com provérbios numéricos**
> Crie provérbios numéricos a partir de temas positivos, por exemplo: o amor da mãe, a bondade de Deus, a beleza da natureza, o valor de uma amizade etc.

9. A herança de mamãe (31,1-9)

Esta breve coleção, atribuída a Lamuel, rei de Massa, mostra o caminho que sua mãe lhe ensinou e deixou como herança, para que ele governasse com integridade e justiça. A integridade se resume no cuidado com as bebidas alcoólicas, e a justiça é sintetizada na defesa dos desfavorecidos:

"Não convém aos reis, ó Lamuel, beber vinho... porque eles bebem e acabam se esquecendo da Lei e prejudicando o direito dos pobres... Abra a boca em defesa do mudo e dos desfavorecidos. Dite sentenças justas, defendendo o pobre e o mendigo" (31,4-5.8-9).

> Sua mãe deixou para você alguma "herança" semelhante à herança da mãe de Lamuel? Anote em uma folha o tesouro deixado por sua mãe. Faça de algum modo essa herança chegar ao conhecimento dela.

10. "Amélia que era mulher de verdade?" (31,10-31)

A última coleção do livro dos Provérbios é uma homenagem à mulher. Entendamos bem: não no sentido que a mulher tenha de fazer tudo, com dupla ou tripla jornada de trabalho, e o marido na "sombra e água fresca". É uma homenagem no sentido de que a Sabedoria é personificada em uma mulher/esposa ideal, com a qual toda pessoa deveria fazer parceria.

O poema é alfabético, ou seja, cada frase começa por uma letra do alfabeto hebraico. É um recurso que facilita a memorização do texto. Lendo-o, você perceberá que a Sabedoria penetra, ilumina e dá sentido a todos os setores da vida de uma pessoa. Diante disso, pergunta-se: quem não gostaria de casar com semelhante mulher? Basta procurar a Sabedoria para ter uma vida cheia de sentido e feliz.

Faça uma síntese do livro dos Provérbios.

4
O livro do Eclesiastes

I. ANTES DE ABRIR O LIVRO

1. Conversando sobre o livro

• *Mais um livro sapiencial...*

Sim. Estamos começando o estudo de um livro sapiencial chamado Eclesiastes. Pertence a um conjunto de livros conhecidos como sapienciais. São eles: Jó, Salmos, Provérbios, Eclesiastes, Cântico dos Cânticos, Sabedoria, Eclesiástico. Se você deseja memorizar esses sete livros na ordem em que aparecem nas Bíblias católicas, crie uma expressão com as iniciais de cada livro. Exemplo: **Jó SaPECa-SE**.
Nas Bíblias protestantes faltam os últimos dois, Sabedoria e Eclesiástico. São livros que chegaram até nós escritos em grego, ao passo que os outros foram escritos em hebraico.

• *Quais são as principais preocupações dos livros sapienciais?*

Os livros sapienciais são assim chamados por causa de sua temática central: a Sabedoria. O que é Sabedoria? Não é o conhecimento que adquirimos frequentando escolas e acumulando saber. A isso damos o nome de erudição. Sábia é a pessoa que descobriu o sentido oculto em cada coisa que existe: o sentido da vida, das coisas que nos cercam, a fragilidade do ser humano, a vida que voa e passa depressa, o porquê do sofrimento, a busca da felicidade, que não depende da riqueza nem do poder, a importância de valorizar cada pequena coisa e cada momento da vida, a fatalidade da morte, o prazer de viver e de desfrutar do próprio trabalho...

Em síntese, sábia é a pessoa que consegue sentir-se interligada com tudo e com todos de modo positivo, enchendo a própria vida de sentido e transbordando sentido para os outros. Agindo assim, essa pessoa sente-se parte integrante do universo e, em cada coisa criada, descobre uma centelha do divino, pois o princípio da Sabedoria é o temor do Senhor. Quem destrói a natureza ou prejudica o próprio corpo não pode ser chamado de pessoa sábia, nem pode dizer que teme a Deus, fonte da vida e Sabedoria perfeita.

- *Qual a origem do título desse livro?*

O Eclesiastes foi escrito em hebraico e, nessa língua, ele se chama *Coélet*. Essa palavra provém de *qahal*, que significa "assembleia". *Coélet*, portanto, é aquele que fala na assembleia. A primeira tradução do Antigo Testamento chama-se Setenta (LXX ou Septuaginta). A palavra hebraica *qahal* foi traduzida por *ekklesia*, e o livro recebeu o nome de Ekklesiastes. A palavra grega *ekklesia* foi traduzida por *ecclesia* em latim, e o livro recebeu o nome de Eclesiastes.

- *Quem é, de fato, o autor desse livro?*

O autor do livro se autodenomina Coélet desde a primeira frase: "Palavras de Coélet, filho de Davi, rei em Jerusalém" (1,1). Ao longo do livro ele se faz passar por Salomão, tido como o mais sábio de todos os reis de Israel.

Davi não teve nenhum filho chamado Coélet, e Salomão não é o autor desse livro. As razões são muitas, e os estudiosos chegam à seguinte conclusão: o livro é dedicado a Salomão, patrono dos livros sapienciais (é o mesmo critério usado para os seguintes livros: Provérbios, Cântico dos Cânticos e Sabedoria).

O fato de atribuir a obra a Salomão tem como finalidade conferir credibilidade ao texto. Salomão foi sábio, construtor e desfrutou dos prazeres da vida, mas não descobriu nessas coisas o sentido profundo de sua existência e da dos outros. O leitor fica, então, impressionado: se o mais sábio dos reis de Israel, o mais hábil construtor e o maior desfrutador dos prazeres da vida me garante que não encontrou o sentido profundo nessas coisas, devo estar alerta para as pistas que ele vai me dar a fim de encontrar a felicidade.

2. Um pouco de história

- *Quando então surgiu o Eclesiastes?*

A data mais provável é a metade do século III antes de Cristo, ou seja, por volta do ano 250. Isso significa que estamos 700 anos depois de Salomão.

É tempo de dominação grega. O Império Grego iniciou-se em 333, com a atuação de Alexandre Magno, e desapareceu no ano 64. Em poucos anos, Alexandre construiu imenso império. Depois de sua morte, acontecida no ano 323, seus generais dividiram entre si esse vasto império. O Egito ficou sob a dominação dos Lágidas. Esse nome decorre do primeiro rei, chamado Ptolomeu Lago, fundador da dinastia.

No ano 320, a dinastia dos Ptolomeus anexa à Palestina. Parte dela passou a ser governada por uma antiga família aristocrática, a família dos Tobíadas. Para se manter no poder, os Tobíadas fizeram todas as vontades dos Ptolomeus, pagando-lhes tributo. E, sempre mais ricos e poderosos, exploraram o povo em proveito próprio.

O livro de Eclesiastes nasce dentro desse contexto, e é extremamente crítico quanto à situação social enfrentada pelo povo: produzir para pagar tributo ao Egito e, ainda, ser governado por pessoas corruptas. Esse tipo de vida faz sentido?

> **Parece coisa de hoje**
> Você já deve ter escutado expressões como esta: "Brasil, o país dos impostos". Que retorno temos de todas as taxas e impostos que pagamos? Como estão as escolas, os hospitais, as estradas, as habitações, a segurança pública etc.? Você sabe quanto é descontado de seu salário? Para onde vai tudo isso?

3. Perguntas importantes

- *O Eclesiastes é pessimista?*

Há pessoas afirmando que o Eclesiastes é pessimista. Será verdade? Certamente não. O autor desse livro é terrivelmente realista e crítico de tudo aquilo que usurpa o sentido da vida. Para ele, a felicidade existe, pode ser alcançada e é extremamente simples. Basta saber onde ela se encontra. Veja, por exemplo, este trecho: "Vá, coma seu pão com alegria e beba seu vinho com prazer... Que suas roupas sejam sempre brancas e jamais falte perfume para sua cabeça. Desfrute a vida com a mulher amada... porque esta é a parte que lhe cabe na vida... Faça tudo o que tem para fazer caprichando ao máximo..." (9,7-10).

A vida perde sentido quando a pessoa trabalha e não pode comer e beber do fruto de seu trabalho; quando não consegue se vestir bem e ter um corpo sadio e limpo; quando não alcança desfrutar a vida com a(o) companheira(o); quando não trabalha com prazer e dedicação, porque o fruto de seu trabalho acaba em outras mãos...

- *Talvez a frase mais conhecida desse livro seja esta: "Vaidade das vaidades, vaidade das vaidades, tudo é vaidade" (1,2). O autor é contra a autoestima?*

Não. Essa frase, apesar de muito conhecida, é mal interpretada. Hoje em dia, muitos pensam que ser vaidoso não é nenhum mal e que, um pouco de vaidade, contribui para aumentar a autoestima.

A palavra "vaidade" tem aqui outro sentido. As traduções desse versículo fazem malabarismos para dizer aquilo que o autor pensava. Em primeiro lugar, a expressão "vaidade das vaidades" é um superlativo hebraico (em português temos as palavras terminadas em íssimo ou érrimo: riquíssimo, paupérrimo). O que o autor judeu quis dizer é que estamos diante de algo superlativo, ou seja, insuperável.

Em segundo lugar, a palavra "vaidade" lembra "vazio", algo "fugaz", algo que passa logo e que não conseguimos deter ou segurar. A palavra hebraica lembra "sopro". Imagine a fumaça de um cigarro, que logo se desfaz; imagine quando você era criança e fazia bolhas de sabão com as mãos: elas logo deixavam de existir; imagine uma bolha de ar no fundo de um tanque cheio d'água: não dura muito lá embaixo e, quando sobe...

Isso é uma pequena amostra daquilo que a palavra "vaidade" pretende significar. Assim é – garante Coélet – nossa vida quando não encontramos seu sentido profundo, ou quando alguém roubou o sentido de nossa existência.

• *Outro texto importante é aquele que diz haver um tempo para tudo. Como entender isso?*

Nós dizemos "Não há mal que sempre dure...". Sabedoria é saber aproveitar o momento presente, que passa como o vento que ninguém agarra e que não volta mais. Esse é o "relógio da vida" de cada um de nós. Lembre-se, nos momentos difíceis: "Há males que vêm para o bem". E nos momentos de felicidade: "Quando a esmola é demais, até o santo desconfia". Ou, como diz Coélet em 7,15: "No tempo da felicidade, seja feliz; no tempo da desgraça, reflita: Deus fez essas duas coisas opostas...".

Livros Sapienciais

> Você mesmo pode associar os opostos abaixo. Se tiver dificuldades, siga Eclesiastes 3,2-8.
>
> *Há tempo de...*   *... e tempo de...*
>
> | | | | |
> |---|---|---|---|
> | nascer | ❶ | ○ | rir |
> | plantar | ❷ | ○ | odiar |
> | matar | ❸ | ○ | bailar |
> | destruir | ❹ | ○ | perder |
> | chorar | ❺ | ○ | costurar |
> | gemer | ❻ | ○ | arrancar a planta |
> | atirar pedras | ❼ | ○ | jogar fora |
> | abraçar | ❽ | ○ | ter paz |
> | buscar | ❾ | ○ | falar |
> | guardar | ❿ | ○ | curar |
> | rasgar | ⓫ | ❶ | morrer |
> | calar | ⓬ | ○ | construir |
> | amar | ⓭ | ○ | recolher pedras |
> | guerrear | ⓮ | ○ | separar |

Respostas: 5, 13, 6, 9, 11, 2, 10, 14, 12, 3, 1, 4, 7, 8.

II. OLHANDO O LIVRO DE PERTO

O Eclesiastes tem doze breves capítulos, que podem ser divididos em duas partes iguais: capítulos de 1 a 6 e capítulos de 7 a 12. A seguir, salientamos aquilo que parece ser as características principais de cada parte.

1. Xeque-mate à felicidade (capítulos de 1 a 6)

Fazendo-se passar por Salomão, Coélet põe a felicidade no banco dos réus. Ele fala tanto da vida em geral quanto de sua experiência pessoal como homem sábio, empreendedor e bem-sucedido. A cada passo repete-se o mesmo refrão: "Isto também é vaidade e caça ao vento".

- *A rotina sufocante.* A vida do ser humano, bem como a natureza e tudo o mais são uma rotina sufocante que não traz resposta à indagação acerca da felicidade: as gerações se sucedem, o sol se põe e surge, os rios caminham para o mar... a vida é uma rotina cansativa.
- *A inutilidade da sabedoria.* Salomão passou para a história como o mais sábio de todos. E se decepcionou com o saber acumulado: "Aqui estou eu, cheio de sabedoria acumulada... minha mente alcançou sabedoria e conhecimento... Então compreendi que a sabedoria e o conhecimento são coisas loucas e sem sentido, caça ao vento, pois quanto mais sabedoria, maior é o sofrimento" (veja 1,16-18).
- Salomão foi o que hoje poderíamos chamar de "empresário bem-sucedido": construiu magníficos palácios, dedicou-se à agricultura com sucesso, tinha uma multidão de escravos, fez progresso na agropecuária, acumulou ouro, enfim, não houve campo de atividade humana na qual não fosse bem-sucedido. Mas conclui: "O resultado disso tudo é vaidade e caça ao vento, pois nada se aproveita debaixo do sol" (veja 2,1-11).
- Tentou então desfrutar os prazeres da vida: hidratou o corpo com vinho, desfrutou prazeres, entregou-se a coisas fúteis, contratou cantores e cantoras, teve um harém de mulheres... Concedia tudo o que os olhos lhe pediam, sem recusar nenhuma alegria ao coração. E acabou constatando: também isso é pura vaidade (veja 2,1-10). Sua inquietação aumentou à medida que aumentaram suas posses e o desfrute de seus bens.

- A perplexidade de Coélet aumentou quando constatou a presença da injustiça nas relações humanas, impossibilitando o homem ser feliz: "Observei mais uma coisa debaixo do sol: na sede do direito, o delito; no tribunal da justiça, a injustiça. Entregar a causa para Deus?" (veja 3,16 e seguintes).
- E a religião? Vale a pena pedir que Deus conceda a felicidade? Vale a pena fazer votos? Rezas que não se acabam? "É melhor não fazer promessas do que fazê-las e não cumpri-las" (5,4).

Faça você mesmo! Abra sua Bíblia no livro do Eclesiastes e complete os seguintes pensamentos do sábio Coélet:

Ecl 4,7-8: "Outra vaidade debaixo do sol: uma pessoa sozinha sem ninguém... seu trabalho não tem fim e seus olhos não se saciam de riquezas. E pergunta a si mesmo: Para quem estou trabalhando _____?"

Ecl 4,12: "Sozinha, a pessoa acaba derrotada; dois conseguem resistir, e a corda tripla _____"."

Ecl 6,7: "Todo o trabalho de uma pessoa é para comer e, no entanto, _____"."

2. A felicidade é possível (capítulos de 7 a 12)

A segunda parte continua parcialmente o tema da primeira, ou seja, também aqui a felicidade é posta em xeque. Isso se torna ainda mais grave diante do fim comum: a morte. Ela é o máximo nivelamento de todos os seres humanos, realidade que relativiza tudo. Mas podemos dar a isso o nome de felicidade? "Ninguém é dono de sua respiração, para comandá-la; ninguém é dono do dia da morte e, nessa guerra, não existe trégua" (8,8).

Um único destino cabe a todos, uma única sorte, a região dos mortos: para o justo e para o injusto; para o bom e para o mau; para o puro e para o impuro... para o bom e para o pecador, para quem jura e para quem não jura (veja 9,1-3).

Sendo assim, Coélet vislumbrou uma saída para encontrar a felicidade: desfrutar sabiamente do próprio trabalho, viver sem afã, dar o melhor de si naquilo que fazia e partilhar a vida com a pessoa amada (veja 9,7-10). Em outras palavras, fez tudo com sentido, para que a vida tivesse sentido: "Ainda que o ser humano viva muitos anos, alegre-se com eles todos... Jovem, alegre-se com sua juventude, seja feliz nos dias da mocidade... Afaste do coração o desgosto e o sofrimento de seu corpo..." (veja 11,7-10).

É tarefa urgente, pois "quem fica observando o vento nunca vai semear, quem fica observando as nuvens, nunca vai colher... Semeie de manhã sua semente, e de tarde sua mão não descanse, pois você não sabe qual delas irá prosperar..." (veja 11,4-6).

Finalmente, a última pista dada por Coélet aos que creem que a felicidade é possível: "Nos dias da mocidade, lembre-se de seu Criador, antes que surjam os dias da desgraça e cheguem os anos nos quais você não sente mais o prazer de viver" (veja 12,1).

E descreve de forma poética o corpo humano debilitado (12,2-5).

... Antes que se escureçam
o sol, a luz, a lua e as estrelas,
e retornem as nuvens após a chuva;
quando os guardas da casa começam a tremer
e os homens fortes se curvam;
quando as mulheres pararem de moer,
e a escuridão cair sobre as que olham pelas janelas;
quando a porta que dá para a rua se fecha
e diminui o barulho do moinho;
quando acordamos com o canto dos passarinhos
e todas as melodias se calam;

quando temos medo das alturas
e nos assustamos pelo caminho;
quando a amendoeira floresce,
o gafanhoto se torna pesado,
e a alcaparra perde sua força...
é porque o ser humano já se encaminha
para a sua morada eterna,
e os que lamentam sua morte
começam a rondar pela rua...
Antes que o fio de prata fique frouxo,
antes que a taça de ouro se quebre,
antes que o jarro se rompa na fonte
e a roldana rebente no poço...
Antes que o pó volte à terra de onde saiu
e o sopro retorne a Deus que o concedeu.

Avaliação
Em uma folha à parte, anote os pontos positivos e negativos deste estudo. Para entender mais, estude também os outros livros sapienciais.

5
O Cântico dos Cânticos

I. ANTES DE ABRIR O LIVRO

1. O poema de amor...

Em hebraico não existe, como em português, a forma superlativa (-íssimo). Para expressar esse pensamento usa-se a forma "o... dos...", como no "O Cântico dos Cânticos", ou seja, o cântico por excelência, o melhor dos cânticos, o cântico insuperável. Para reforçar a ideia de algo insuperável atribui-se o texto ao rei Salomão, patrono dos livros sapienciais e da sabedoria em Israel de modo geral. O fato de atribuir um texto a uma personagem importante do passado aumenta-lhe a importância e a credibilidade.

Mas o Cântico dos Cânticos não é da autoria do rei Salomão, vivido no século X antes de Cristo, mas de um poeta anônimo que o escreveu na época posterior ao exílio da Babilônia. Os estudiosos chegam a essa conclusão examinando o texto hebraico e descobrindo nele traços da língua persa, idioma que se tornou conhecido em Israel na época em que os persas dominaram a Judeia (de 538 a 333 aproximadamente). Os estudiosos descobrem no texto hebraico aramaísmos, ou seja, expressões aramaicas presentes no texto hebraico. O aramaico tornou-se língua internacional um pouco antes do exílio na Babilônia, iniciado em 586 antes de Cristo.

Essas indicações são suficientes para desconfiar de que não se trata de um texto redigido pelo rei Salomão, mas de um poema de amor surgido não antes do ano 400 antes de Cristo. Seu autor é desconhecido, mas seu texto percorreu o mundo e atravessou os séculos tocando profundamente o coração dos que se amam com paixão.

De fato, é um poema de amor, talvez o mais belo poema de amor que a humanidade conheceu. Não é raro pessoas apaixonadas fazerem dele seu porta-voz e expressão de sua alma. E dificilmente duas pessoas que se amam conseguem dizer coisas que superam aquilo que esse texto expressa.

* * *

O Cântico dos Cânticos não fala de casamento nem de filhos. É puro envolvimento amoroso entre um rapaz e uma jovem, considerados rei e rainha respectivamente, que se encontram, perdem-se e se entregam.

Pode copiar?

Muitos temas do Antigo Testamento são cópias "batizadas" de textos da cultura da Mesopotâmia e do Egito, sobretudo deste último (veja acima "O livro dos Provérbios"). O mesmo fenômeno se encontra no Cântico dos Cânticos. Na poesia egípcia, há o tema da "Bela Jardineira" e o do "Pomar do Amor" (cerca de 1250 antes de Cristo), que serviram de inspiração para o capítulo 4. Compare:

Poema do amor	Cântico dos Cânticos, 4,1-5
Única, a amada sem igual, a mais bela entre todas! Ela é como a estrela da manhã que aparece no início de um bom ano. Ela tem uma luminosa perfeição, a pele resplandecente,	Como você é bela, minha amada, como você é bela!... São pombas seus olhos escondidos sob o véu. Seu cabelo... um rebanho de cabras ondulando nas encostas de Galaad.

é amoroso o olhar de seus lindos olhos!
É suave o falar de seus lábios,
sem nunca falar demais.

De pescoço elegante, peito radioso,
cabelo de verdadeiro lápis-lazúli.
Os seus braços valem mais que o ouro,
os seus dedos são como flores de lótus.
De largas ancas e cintura estreita,
as pernas acentuam a sua beleza,
com um andar gracioso ao pisar o chão.

Seus dentes... um rebanho tosquiado
subindo após o banho,
cada ovelha com seus gêmeos,
nenhuma delas sem cria.
Seus lábios são fita vermelha,
sua fala, melodiosa.
Metades de romã são suas faces
mergulhadas sob o véu.
Seu pescoço é a torre de Davi,
construída com defesas:
dela pendem mil escudos
e armaduras dos heróis.
Seus seios são dois filhotes,
filhos gêmeos de gazela,
pastando entre açucenas.

Em hebraico, seu título é *Shir Hashirim* (Cântico dos Cânticos) e é colocado entre o livro de Rute e o Eclesiastes; pertence ao bloco dos Escritos (*Ketubim*). Na tradução grega, conhecida como *LXX*, o título é o mesmo (*Aisma Aismaton*) e vem após o Eclesiastes; na tradução latina, chamada *Vulgata*, seu nome (*Canticum Canticorum*) e posição não mudam, sendo seguidos pela maioria das versões em português. As Bíblias protestantes o chamam "Cantares".

2. ... com diversas interpretações...

Vários fatores contribuíram para que esse livro fosse vítima de preconceitos, dificultando sua aceitação entre os livros sagrados, entre eles: o fato de quase não nomear Deus, a linguagem forte e um tema aparentemente sem nenhuma ligação com a religião. De ponta a ponta, o livro fala de um envolvimento amoroso entre um jovem e uma jovem, com abraços e beijos na entrega recíproca ao amor. Frases como estas: "Levou-me ele à adega e contra mim desfralda sua bandeira de amor" (2,4) e "...eu te levaria, eu te introduziria na casa de minha mãe, e tu me ensinarias; e eu te daria a beber vinho perfumado e meu licor de romãs" (8,2), foram consideradas muito fortes e impróprias para pertencerem a um livro sagrado.

Contudo, o Cântico dos Cânticos com seu tema ousado venceram. Tratou-se então de atenuar seu impacto mediante várias interpretações, evitando a concretude que o texto apresenta. Apoiando-se em alguns profetas, que já haviam traduzido a relação entre Deus e o povo como uma relação conjugal, interpretou-se o Cântico dos Cânticos de forma alegórica: um poema que aborda a relação Deus-povo judeu. Alguns cristãos seguiram esse caminho e viram aí uma metáfora da relação entre Jesus e a Igreja. E não faltavam textos do Novo Testamento que favoreciam esse tipo de interpretação. De forma um pouco diferente, alguns estudiosos viram no jovem do poema a figura do Messias e na jovem a humanidade inteira.

Finalmente, desenvolveu-se um tipo de leitura pessoal, bem típica dos místicos, como, por exemplo, São João da Cruz, que, em seu famoso *Cântico Espiritual*, interpretou todo o poema como uma relação amorosa de sua alma com Jesus.

3. ... situado entre os livros sapienciais

Exceto na disposição da Bíblia Hebraica, nas demais versões, o Cântico dos Cânticos está situado entre os livros sapienciais. E a pergunta que fazemos é: pode esse livro ser considerado sapiencial?

Os temas dos livros sapienciais são bem conhecidos: o sentido da vida, a precariedade da existência, o engano das riquezas, o sentido das coisas criadas, a fragilidade do ser humano...

Quase todos os temas tratados pelos livros sapienciais estão presentes no Cântico dos Cânticos. O casal de namorados que se encontra, perde-se, sai à procura um do outro e, finalmente, está junto mostra a busca de sentido que cada ser humano tentar dar à própria vida, feita de perdas e de encontros. A vida é uma busca contínua.

A precariedade da vida pode ser detectada na sucessão das estações que marcam o livro. Isso está em sintonia com aquilo que o Eclesiastes 11,9 aconselha: "Alegra-te, jovem, com tua juventude, sê feliz nos dias de tua mocidade, segue os caminhos de teu coração e visão de teus olhos".

Também o engano das riquezas está presente no livro. Em primeiro lugar, a riqueza maior é a pessoa amada; em segundo lugar, o amor, que dá sentido à vida, não é mercadoria e não está à venda: "quisesse alguém dar tudo que tem para comprar o amor... seria tratado com desprezo" (8,7).

As coisas criadas atravessam todo o livro, pois elas adquirem sentido especial ao se relacionarem com o amor, que confere sentido pleno a tudo aquilo que existe. É por esse motivo que muitas criaturas são tomadas como metáforas, que enriquecem o tema do amor.

4. "Love changes everything"

"O amor transforma tudo, o amor te faz voar... O amor faz as regras, dos tolos aos reis, o amor transforma tudo."

O tema central do Cântico dos Cânticos é o amor. Um amor que tudo transforma. Antes de conhecer seu amado, a jovem era uma simples cuidadora de vinhas. Depois de tê-lo conhecido, torna-se rainha. Ele, antes de conhecê-la, era apenas um pastor de ovelhas e de cabras, um entre muitos. O amor entre duas pessoas as torna únicas e irrepetíveis. Ela é única para ele, e ele é único para ela.

> **"Olhe o respeito!"**
> Não é raro – pelo contrário – ouvir palavras depreciativas a respeito da virgindade feminina e masculina. O Cântico dos Cânticos – sendo talvez o mais belo poema amoroso de todos os tempos – sabe dar à sexualidade e à virgindade feminina uma dimensão que a livra do pornográfico sem deixar transparecer uma dose de erotismo. As metáforas, nesse caso, são importantes: "És jardim fechado, minha irmã, noiva minha, és jardim fechado, uma fonte lacrada" (4,12). Ela, por sua vez, compara-se a uma vinha reservada para seu amado (1,6) e pede socorro contra as "raposas" que pretendem possuir a vinha: "Agarrai-nos as raposas, as raposas pequeninas, que devastam nossa vinha, nossa vinha já florida!..." (2,15) (veja Pr 5,15, em que "beber água do próprio poço" é sinônimo de fidelidade conjugal).

O amor faz ver as coisas com olhar diversificado. Tudo é novo, tudo é maravilhoso. Seria uma miragem? Ou será que o amor é a única realidade capaz de fazer ver as coisas como realmente são? O amor transforma tudo. Basta ver os títulos que os namorados se dão reciprocamente. Basta ver a descrição do corpo que cada um deles faz da pessoa amada.

O amor transforma tudo. É a emancipação do ser humano. Os irmãos mais velhos da jovem querem pôr uma proteção ao redor dela, pois acreditam que por ser tão jovem não saiba defender-se: "Nossa irmã é pequenina e ainda não tem seios; que faremos a nossa irmãzinha quando vierem pedi-la? Se é muralha, nela faremos ameias de prata, e se é porta, nela poremos pranchas de cedro" (8,8-9). Ela se defende, mostrando que o amor a fez amadurecer e sabe se defender: "Eu sou muralha e meus seios são torres; aos seus olhos, porém, sou aquela que encontrou a paz" (8,10).

O amor transforma tudo. Permite perder-se para encontrar-se e, ao se encontrarem, doar-se sem limites, sem todavia perder a própria identidade.

> **Produtos afrodisíacos**
> Basta visitar uma feira popular para dar de cara com diversos produtos considerados afrodisíacos. No Cântico dos Cânticos, encontramos algo semelhante, bem ao sabor das culturas do Oriente Médio. É, por exemplo, o caso da romã e das mandrágoras. A romã – que no Brasil é muito apreciada no início do ano – aparece em 4,13 (veja também 8,2), em que se descreve a jovem como um jardim contendo um pomar de romãzeiras. A palavra hebraica "pardes" – traduzida por "pomar" – é persa e deu origem à palavra "paraíso" em português: "Teus brotos são um "paraíso" de romãs com frutos preciosos".
> A mandrágora (7,14) possui uma grande raiz no formato de corpo humano (você já viu a raiz de ginseng?) e produz fruto vermelho semelhante a tomate. Em hebraico, mandrágora se diz *dudaim*, palavra que deriva de um radical que significa "amor": "As mandrágoras exalam seu perfume; a nossa porta há toda espécie de frutos: frutos novos, frutos secos, que eu tinha preparado, meu amado, para ti".

5. Só por amor

Toda vida tem seu movente. Para alguns, pode ser o dinheiro; para outros, a fama; para outros ainda, o poder. Mas cada vida tem algo que a move e lhe confere sentido e direção. Nem todos os moventes movem a vida no rumo certo; alguns, com o tempo, acabam possuindo e escravizando quem os escolheu. E a pessoa acaba se tornando escrava de seu movente, sacrificando-lhe a vida, pois o movente tornou-se um ídolo devorador. É a nefasta constatação do autor de um salmo que critica a multiforme idolatria: "Os que os fazem ficam como eles, todos aqueles que neles confiam" (Sl 115,8).

Jesus disse algo semelhante quando garantiu que "onde está o teu tesouro, aí estará também o teu coração" (Lc 12,34).

Só com o amor é que as coisas valem a pena, e o amor torna grandes as coisas mais pequeninas. É por causa dele que a jovem enfrenta o perigo da escuridão, ronda pelas ruas e pelas praças procurando o amado de sua alma. Não se envergonha de ser tomada por prostituta, apanha dos guardas noturnos e prossegue na busca de seu amado (5,7).

Se é verdade que o amor transforma todas as coisas, então podemos acreditar que ele transforma em amor a pessoa que ama. O próprio Jesus garantiu: "Ninguém tem maior amor do que aquele que dá vida por seus amigos" (Jo 15,13).

> **Você acredita?**
> A cultura popular atribui à mulher grávida esquisitices nos hábitos alimentares (vontade de comer coisas que não se encontram ao alcance da mão), e alguns estudos afirmam que por causa de fatores hormonais (que, por exemplo, causam enjoo) isso pode ser verdadeiro. E com o amor apaixonado não acontece algo semelhante? A jovem apaixonada do Cântico dos Cânticos parece dizer que sim: "Sustentai-me com bolos de passas, dai-me forças com maçãs, oh! Que estou doente de amor..." (2,5).

6. E é Palavra de Deus

À primeira vista, o Cântico dos Cânticos parece ser um livro profano. De fato, Deus é citado apenas uma vez (8,6), e o texto parece estar mais interessado em definir o amor do que falar de Deus: "Pois o amor é forte, é como a morte, o ciúme é inflexível como a região dos mortos. Suas chamas são chamas de fogo, uma faísca de Javé".

O autor do Cântico dos Cânticos empregou toda a sua genialidade para definir o indefinível, o amor. Não sabia ele que essa é tarefa impossível, pois pretendendo defini-lo entra-se na esfera divina: querer definir o amor é pretender definir Deus, assim mostrado por João Evangelista: "Amados, amemo-nos uns aos outros, pois o amor vem de Deus. E todo aquele que ama, nasceu de Deus e conhece a Deus. Quem não ama não conhece a Deus, porque Deus é amor. Nisto se tornou visível o amor de Deus entre nós: Deus enviou o seu Filho único a este mundo, para dar-nos a vida por meio dele. E o amor consiste no seguinte: não fomos nós que amamos a Deus, mas foi ele que nos amou e nos enviou seu Filho como vítima expiatória por nossos pecados. Amados, se Deus nos amou a tal ponto, também nós devemos amar-nos uns aos outros. Ninguém jamais viu Deus. Se nos amamos uns aos outros, Deus está conosco, e seu amor se realiza completamente entre nós" (1Jo 4,7-12).

7. O Cântico dos Cânticos e o Novo Testamento

O Cântico dos Cânticos tem uma presença discreta no Novo Testamento. Todavia, pode ser útil para bem compreender algumas passagens, por exemplo o casamento em Caná da Galileia (Jo 2,1-12) e o episódio de Maria Madalena junto ao sepulcro de Jesus no domingo da ressurreição (Jo 20,11-18).

> **Exercício**
> Descubra o sentido simbólico do vinho no Cântico dos Cânticos (1,2.4; 4,10; 5,1; 7,3.10; 8,2) e relacione com a falta de vinho no episódio do casamento em Caná da Galileia. Compare a cena de Maria Madalena junto ao túmulo de Jesus com o Cântico dos Cânticos 3,1-4 e 5,6-7.

Vinhos, licores e amores

O Cântico dos Cânticos dá atenção especial às bebidas – vinho e licores – bem como à adega enquanto lugar de encontro dos amantes. Na antiguidade, costumava-se adicionar ao vinho ervas aromáticas, salientando-lhe o buquê. Vinhos e licores se tornam assim símbolo do mais caloroso amor: "...eu te levaria e te introduziria na casa de minha mãe, e tu me ensinarias, dar-te-ia a beber vinho perfumado e licor de romãs" (8,2). Para as ocorrências de "vinho" no Cântico dos Cânticos, veja 1,2.4; 4,10; 5,1; 7,3.10; 8,2.

II. OLHANDO O LIVRO DE PERTO

O Cântico dos Cânticos não precisa de comentários se o lemos com a alma dos apaixonados. Por isso, limitamo-nos a dar uma breve visão de conjunto. São poemas provavelmente usados nos casamentos dos judeus, nos quais os noivos são chamados de rei e rainha. O poema começa já sob o efeito da paixão (1,2-4). Depois disso, usando muitas imagens tiradas do campo, os namorados fazem recíprocos elogios (1,5-2,7). 2,8-17: é tempo de primavera; a jovem apaixonada vê chegado o momento em que tudo desabrocha para o amor. De noite, a ausência do amado se faz mais forte, e a jovem sai a sua procura, a fim de levar seu amado para a casa de sua mãe (3,1-5). Entra em cena um grupo coral (3,6-11). Ele canta o cortejo da jovem levando seu amado para a casa de sua mãe. 4,1-5,1: o namorado descreve a beleza do corpo de sua namorada, fascinado por seu esplendor. A jovem, por sua vez, exalta a beleza masculina (5,2-6,3). Nova descrição da beleza feminina (6,4-12). Dançando entre dois grupos corais, a amada é admirada pelo amado (7,1-10). O ponto alto do poema se encontra no capítulo 8: "aí se mostra o amor como mistério que não se explica, não se compra e que cria suas próprias leis e seus caminhos".

Divirta-se

A seguir, você vai encontrar frases do Cântico dos Cânticos. Associe cada frase iniciada à esquerda com a linha à direita para formar as frases mais belas do livro. Confira, depois, em 2,16.

Seus amores são melhores do que	vinho (1,2)
Como és belo,	amado (1,16)
Macieira entre as árvores é meu	entre os jovens (2,3)
Meu amado	para mim cacho de cipro florido (1,14)
Em	leito, pela noite... (3,1)

O Cântico dos Cânticos

Vem do Líbano	faz tua entrada comigo (4,8)
Filhas de Jerusalém,	vos conjuro (5,8)
Eu	muralha e meus seios são torres (8,10)
... e eu sou	do pastor das açucenas (2,16)

A frase mais importante

No Cântico dos Cânticos há uma frase que é a chave de todo o livro. Descubra!

Pistas: ¤ = a; ♣ = o; ☺ = é; ♥ = e; ♦ = m; ◘ = s; ◊ = r; ● = t; ◉ = f; □ = d; * = c.

"♣ ¤♦♣◊ ☺ ◉♣◊●♥, ☺ *♣♦♣ ¤ ♦♣◊●♥. ◘u¤◘ *h¤♦¤◘ ◘ã♣ *h¤♦¤◘ □♥ ◉♣g♣, u♦¤ ◉¤í◘*¤ □♥ J¤v☺!"

Resposta: "O amor é forte, é como a morte, suas chamas são chamas de fogo, uma faísca de Javé".

6
O livro do Eclesiástico

I. ANTES DE ABRIR O LIVRO

1. Um bate-papo com o neto de Jesus Ben Sirá

• *Neto, quem foi Jesus Ben Sirá?*

Neto: Jesus Ben Sirá era meu avô. Foi um dos maiores estudiosos da Bíblia Hebraica em sua clássica divisão em três partes: Lei, Profetas e Escritos. Homem profundamente apaixonado por nossa religião, por nossa cultura e por nosso modo de ver o mundo e a vida. Posso garantir que meu avô era uma pessoa sábia, no sentido que nós damos à palavra Sabedoria. Ele sentiu necessidade de escrever algo sobre a instrução e a Sabedoria, a fim de que os que amam a instrução, submetendo-se a essas disciplinas, progridam muito mais no viver segundo a Lei. E ele se pôs a escrever em hebraico uma obra bastante volumosa que acabou se perdendo...

• *Em que época seu avô escreveu esse livro?*

Neto: Foi por volta da época em que nossa terra passou do domínio dos gregos do Egito (conhecidos como Lágidas) para o domínio dos gregos da Síria (chamados Selêucidas). Meu avô conheceu o sumo sacerdote Simão...

● *Em nossa contagem, isso deve ter acontecido por volta do ano 198 antes de Cristo, pois sumo sacerdote Simão morreu por esse tempo. Por que seu avô escreveu essa obra?*

Neto: Vivíamos um tempo de dominação estrangeira e, como acontece muitas vezes, as coisas dos outros parecem mais interessantes e mais inteligentes do que as nossas. Meu avô tinha verdadeira paixão por nossas coisas, considerando como um grande e insuperável tesouro a herança que nossos antepassados nos deixaram e que se concentra na Bíblia Hebraica. Nós não precisávamos mendigar esmolas de outras culturas e religiões. Bastava descobrir e desenterrar o tesouro que tínhamos ao alcance das mãos. O esforço de meu avô foi sintetizar tudo isso em uma obra.

● *E como você entrou nessa história?*

Neto: Eu traduzi para o grego a obra que meu avô havia escrito em hebraico. No ano 132 antes de Jesus nascer, fiz uma viagem ao Egito. Como se sabe, há muito tempo o Egito se transformou na pátria de muitos judeus (veja, na página 93, "O livro da Sabedoria"). Esses judeus, com o tempo, foram perdendo seus contatos com a língua, a cultura, a religião e os costumes praticados em nossa terra. Achei oportuno, então, traduzir para o grego a obra de meu avô, de modo que mantivessem a identidade em uma terra estranha.

● *Foi fácil fazer a tradução?*

Neto: Evidentemente que não. No começo do livro, acrescentei um Prólogo, no qual convido os leitores "a lerem com benevolência e atenção e a serem indulgentes onde, a despeito do esforço de interpretação, parecermos enfraquecer algumas das expressões: é que não tem a mesma força, quando se traduz para outra língua, aquilo que é dito originalmente em hebraico; não só este livro, mas a própria Lei, os Profetas e os outros livros têm grande diferença nos originais".

- *Que título você deu a essa tradução?*

Neto: Chamei-a "Sofia Sirax". Significa "Sabedoria de Sirá". Sirá é o sobrenome de meu avô. Por isso muitos estudiosos chamam essa obra de Sirácida. Outros, motivados pelo uso frequente que a Igreja fez dele, chamam-no de Eclesiástico, palavra que vem do latim *Ecclesiasticus*.

- *Nós devemos agradecer muito a seu avô e a você, pois graças a vocês dois esse precioso tesouro chegou até nós. Os textos que usamos são tirados de cópias de sua tradução grega...*

Neto: Creio que todos nós devamos agradecer a arqueólogos e estudiosos de modo geral, pois graças ao esforço de muitos quase dois terços do texto hebraico foram recuperados e são objeto de estudo e pesquisa.

Geniza
A palavra significa "depósito". É uma sala associada a alguma sinagoga, onde eram abandonadas partes do Antigo Testamento deterioradas pelo uso ou com excessivos erros dos copistas. A mais famosa é a Geniza do Cairo, que continha cerca de duzentos mil manuscritos ou fragmentos de textos, material riquíssimo para os estudiosos. O respeito escrupuloso pelo "papel" (guardar em vez de destruir) redundou em benefício para os especialistas. Alguns estudiosos afirmam ter sido uma Geniza o destino do original hebraico de Jesus Ben Sirá.

2. O mais volumoso livro deuterocanônico

Com 51 capítulos, o Eclesiástico é o livro deuterocanônico mais extenso. Junto com o livro de Baruc, o livro da Sabedoria, os dois livros dos Macabeus, o livro de Judite e o livro de Tobias, ele é chamado de deuterocanônico, isto é, aprovado como livro inspirado em um segundo momento, quando ficou definido quais eram e quais não eram os livros a serem considerados como Sagrada Escritura e Palavra de Deus. Por ter chegado a nós escrito em grego, esse livro só se encontra nas Bíblias dos católicos, sendo rejeitado como não inspirado pelas Bíblias protestantes. O Concílio de Trento, no dia 8 de abril de 1546, definiu para os católicos a canonicidade desses sete livros: eles são inspirados e, portanto, Palavra de Deus.

É fácil memorizar os livros que só se encontram nas Bíblias católicas. Basta criar uma expressão com as letras iniciais de cada um deles. Por exemplo: **BEM JeiToS**a (Baruc, Eclesiástico, 1 e 2 Macabeus, Judite, Tobias, Sabedoria). Ou a expressão **SET**e Ja**MB**as, que contém esses mesmos livros na ordem em que normalmente aparecem nas Bíblias católicas.

3. Paciência

Em seu livro, Jesus Ben Sirá fala cinco vezes de paciência (2,14; 16,14; 18,10; 35,19; 41,2). Evidentemente, ele não estava falando da paciência que devemos ter quando procuramos um versículo de sua obra. De fato, não foi ele quem pôs os números de versículos em seu texto. E, dependendo da tradução que você usa, a citação pode não coincidir com a citação de outras Bíblias. Isso se deve ao fato de existir pelo menos dois manuscritos antigos importantes a partir dos quais se faz a tradução para línguas modernas. Além disso, existe a tradução latina chamada Vulgata, cujo texto nem sempre coincide com os manuscritos gregos.

Por exemplo, em sua Bíblia, este versículo pode não ser 2,14, e sim 2,16: "Ai de vós que perdestes a paciência: o que fareis quando o Senhor vos visitar?" Portanto, paciência e perseverança.

4. Cuidado com o preconceito machista!

A visão de Jesus Ben Sirá acerca das mulheres é nitidamente negativa ou pelo menos de sérias reservas. Isso porque ele parte não do princípio de que homem e mulher foram criados à imagem e semelhança de Deus, mas do princípio de que foi a mulher quem induziu o homem à transgressão das ordens divinas: "Foi pela mulher que começou o pecado, por sua culpa todos morremos" (25,24). Restando no campo da culpa e da responsabilidade, nós costumamos dizer que "é ladrão tanto quem rouba quanto quem segura o saco aberto".

Evidentemente, o autor é devedor de uma cultura e mentalidade de seu tempo que não podemos aceitar a não ser que sejamos daqueles que fazem uma leitura fundamentalista da Palavra de Deus. Cuidado, portanto, com a leitura machista e discriminadora.

Os textos de Jesus Ben Sirá devem, pois, passar pelo teste do relacionamento de outro Jesus, o de Nazaré, e de sua relação com as mulheres, inclusive as pecadoras.

II. OLHANDO O LIVRO DE PERTO

Sendo um resumo de toda a herança espiritual e cultural do povo de Israel, é difícil estabelecer uma divisão nítida entre as partes que compõem a obra de Jesus Ben Sirá. Melhor seria ter presentes alguns pressupostos para a leitura do que quebrar a cabeça tentando encontrar uma divisão nítida do livro do Eclesiástico.

Um pressuposto importante nos é dado pelo tema da sabedoria. O mundo grego ostentava orgulhosamente uma multidão de sábios: filósofos, oradores, poetas, dramaturgos, médicos e muitas outras profissões de relevo, que deram à Grécia Antiga o privilégio de ser o berço da cultura ocidental.

Diante dessa enxurrada de pessoas cultas e competentes, provavelmente muitos judeus se sentiam como povo de

Livros Sapienciais

segunda categoria. Jesus Ben Sirá se esforçou, ele mesmo, a combater esse complexo de inferioridade, mostrando que na Bíblia Hebraica se encontra um tesouro de sabedoria a fazer inveja a qualquer grego presunçoso.

A Grécia Antiga podia se orgulhar de grandes legisladores, como, por exemplo, Sólon (séculos VI e V antes de Cristo), suscitando o mesmo complexo de inferioridade por parte dos judeus não familiarizados com a riqueza da Torá (Lei, que compreende os primeiros cinco livros da Bíblia). Jesus Ben Sirá não titubeou em apresentar a superioridade da Torá, chegando, inclusive, a afirmar que a verdadeira Sabedoria, a Sabedoria insuperável, é o conhecimento e a prática da Lei, capazes de conduzir o ser humano ao temor de Deus.

A Grécia Antiga exibia, orgulhosamente, um exército de pessoas famosas, líderes e heróis, como se o povo grego fosse um povo superior aos demais. Também nesse ponto Jesus Ben Sirá não deu o braço a torcer, encerrando sua obra com uma galeria que poderíamos chamar de "santos e heróis do povo".

> Abra sua Bíblia no livro do Eclesiástico e, com a devida paciência, vá completando os temas indicados (entre parênteses os versículos que eventualmente tenham outra numeração).
>
> **1.** 1,1: "Toda sabedoria vem do Senhor,_____
> _____
> _____".
>
> **2.** 1,11: "O temor do Senhor é glória e honra, _____
> _____
> _____".
>
> **3.** 2,1: "Meu filho, se te ofereceres para servir o Senhor, ____
> _____
> _____".
>
> **4.** 3,3 (4): "Aquele que respeita o pai_____
> _____
> _____".

5. 6,15: "Amigo fiel não tem preço, _____".

6. 8,8 (9): "Não desprezes o discurso dos sábios, _____".

7. 14,20 (22): "Feliz o homem que se ocupa da sabedoria _____".

8. 20,9: "Na desgraça um homem pode encontrar salvação _____".

9. 25,5 (7): "Como é bela a sabedoria dos anciãos _____".

10. 26,1: "Feliz o marido que tem mulher excelente: _____".

11. 28,2: "Perdoa ao teu próximo seus erros, _____".

12. 30,21 (22): "Não te deixes dominar pela tristeza _____".

13. 34,16: "O que teme ao Senhor nada receia, _____".

1. Santos e heróis do povo

Do capítulo 44 até o fim, o autor faz o elogio dos antepassados de Israel e, por meio deles, a ação de Deus na história.

Por associação, descubra o que o autor diz sobre cada um dos antepassados de Israel descritos abaixo. Para isso, abra sua Bíblia no livro do Eclesiástico dos capítulos de 44 a 50.

Henoc	1	○	Deus deu-lhe os mandamentos
Noé	2	○	obteve o perdão para Israel
Abraão	3	○	profetizou no tempo de Davi
Isaac	4	○	instigou o povo à revolta
Jacó	5	○	abateu a arrogância de Golias
Moisés	6	1	agradou ao Senhor
Aarão	7	○	reparou o Templo
Fineias	8	○	o perfeito justo
Josué	9	○	fez Israel pecar
Caleb	10	○	na lei do Senhor julgou a assembleia
Juízes	11	○	fez cessar a murmuração maligna
Samuel	12	○	não se afastaram do Senhor

O livro do Eclesiástico

Natã	⓭	○	estabeleceu a aliança em sua carne
Davi	⓮	○	recebeu a bênção
Salomão	⓯	○	Deus deu-lhe o sacerdócio do povo
Roboão	⓰	○	converteu o povo
Jeroboão	⓱	○	ficou repleto do espírito de Elias
Elias	⓲	○	reergueu os muros em ruína
Eliseu	⓳	○	cheio de inteligência como um rio
Ezequias	⓴	○	ele fechou o céu
Isaías	㉑	○	instalou Israel em seu território
Josias	㉒	○	construiu o Templo
Zorobabel	㉓	○	é como um selo na mão direita de Deus
Josué	㉔	○	renovou a promessa
Neemias	㉕	○	fortificou sua cidade
Simão	㉖	○	ele viu o fim dos tempos

Respostas: 6: 8; 13, 16; 14, 1; 26, 2; 17, 12; 10, 11; 3; 5; 7; 22; 19; 25; 15; 18; 9; 24; 23, 4; 20; 21.

Livros Sapienciais

Acrescente, abaixo, seus santos e heróis, bem como os motivos que levam você a considerá-los tais.

Avaliação
Faça uma avaliação do livro de Eclesiástico, com paciência, sabendo que é um dos livros mais complexos do Antigo Testamento, mas que vale a pena conhecer pela riqueza que encerra.

7
O livro da Sabedoria

I. ANTES DE ABRIR O LIVRO

1. Um livro deuterocanônico...

Junto com o livro de Baruc, o Eclesiástico, os dois livros dos Macabeus, o livro de Judite e o livro de Tobias, o livro da Sabedoria é chamado de deuterocanônico, isto é, aprovado como livro inspirado em um segundo momento, quando ficou definido quais eram e quais não eram os livros a serem considerados como Sagrada Escritura e Palavra de Deus. Por ter chegado a nós escrito em grego, esse livro só se encontra nas Bíblias dos católicos, sendo rejeitado como não inspirado pelas Bíblias protestantes. O Concílio de Trento, no dia 8 de abril de 1546, definiu para os católicos a canonicidade desses sete livros: eles são inspirados e, portanto, Palavra de Deus.

É fácil memorizar os livros que só se encontram nas Bíblias católicas. Basta criar uma expressão com as letras iniciais de cada um deles. Por exemplo: **BEM JeiToS**a (Baruc, Eclesiástico, 1 e 2 Macabeus, Judite, Tobias, Sabedoria). Ou a expressão **SET**e **JaMB**as, que contém esses mesmos livros na ordem em que normalmente aparecem nas Bíblias católicas.

Em grego, o livro tem por título *Sofia Salomonos* (Sabedoria de Salomão), e na versão latina, conhecida como Vulgata, *Liber Sapientiae* (Livro da Sabedoria).

2. ...atribuído ao rei Salomão

Na língua original, o livro recebeu o título de "Sabedoria de Salomão". Evidentemente, não se trata de autoria, e sim de patronato. Parece claro que o rei Salomão não conheceu a língua grega, e parece também evidente que a língua grega, na época do rei Salomão, não tinha o alcance que teve mais tarde.

Atribuir a uma pessoa importante do passado um texto escrito no presente conferia-lhe autoridade, sobretudo se o texto tinha alguma afinidade com essa pessoa famosa. Acontece que o rei Salomão passou para a história como símbolo de pessoa sábia em Israel. Nada mais lógico, portanto, que atribuir a ele um texto que fala justamente de sua característica mais importante: a sabedoria.

Esse fenômeno não é o único, pois outros personagens importantes do passado se tornaram patronos de blocos de livros bíblicos. Foi assim, por exemplo, que Moisés se tornou o patrono da Lei, e Davi o patrono de tudo aquilo que se refere à liturgia.

No bloco dos livros sapienciais, Salomão ocupa lugar importante. Podemos, inclusive, afirmar ser ele o mentor de tudo o que se produziu no campo da sabedoria.

3. Livro surgido fora da Palestina

O livro da Sabedoria possui uma característica rara: o lugar em que foi escrito não é a Palestina, como acontece com a maioria dos livros do Antigo Testamento. Ele surgiu em uma cidade muito importante do Egito, chamada Alexandria. O nome dessa cidade é homenagem ao famoso general Alexandre Magno, seu fundador (ano 331 antes de Cristo) e fundador do Império Grego. Ela se situa junto ao mar, no lado ocidental do Delta do Rio Nilo. Usando uma terminologia de hoje, poderíamos dizer que o livro da Sabedoria nasceu na África.

Os capítulos 42 e 43 do livro de Jeremias nos dão a seguinte informação: entre os meses de junho e julho de 586, o último rei de Judá, Sedecias, é capturado. Comandados por

Nabuzardã, os babilônios destroem a cidade de Jerusalém e seu Templo. Acontece a segunda deportação para o cativeiro na Babilônia. Godolias, o governador nomeado pelos babilônios, é assassinado entre os meses de setembro e outubro desse ano. Grande quantidade de judeus migra para o Egito, levando consigo o profeta Jeremias. Parece ser esse o ponto de partida para entender por que, no primeiro século antes de Cristo, a cidade de Alexandria conta com cerca de 200 mil judeus entre seus habitantes.

4. A cidade de Alexandria

Alexandria é cidade egípcia de cultura grega (ver, no volume 2, "Os livros dos Macabeus"). Ela se caracteriza pelo helenismo, fenômeno cultural, político, religioso, típico do pensamento e do modo de vida gregos.

São famosos na Alexandria antiga o Farol de Alexandria – uma das sete maravilhas do mundo antigo – e a Biblioteca de Alexandria, a maior do mundo.

Do ponto de vista bíblico, a cidade é importante também por este fato: foi aí que, no século III antes de Cristo, pela primeira vez, a Bíblia Hebraica foi traduzida. O Antigo Testamento hebraico foi traduzido para o grego, tornando-se aquela que conhecemos como Tradução dos 70, LXX ou, em latim, *Septuaginta*. O motivo de sua tradução parece evidente: ajudar a numerosa população judaica de Alexandria a entender e a preservar a preciosa herança da fé de Israel. Isso, evidentemente, porque os judeus de Alexandria já não conheciam mais o hebraico nem o aramaico. O autor do livro da Sabedoria conhece, usa e cita essa tradução.

Em Alexandria, havia uma famosa escola judaica que produziu muita literatura. Seu expoente mais famoso é Fílon de Alexandria, praticamente contemporâneo do livro da Sabedoria. Ele é responsável por uma espécie de "casamento" entre o pensamento judaico e o pensamento grego, sobretudo o pensamento do grande filósofo grego Platão.

> **Influência do pensamento platônico no livro da Sabedoria**
>
> O livro da Sabedoria em algumas passagens traz as marcas do pensamento grego. Quem estudou filosofia grega, sobretudo Platão, sabe que esse filósofo afirma que a matéria é má, uma espécie de mundo das sombras, em oposição ao mundo das ideias. O corpo, que é matéria, está preso à alma, e o desejo desta é libertar-se desse peso, para voar livre dos condicionamentos da matéria.
>
> Compare esse pensamento com aquilo que o autor do livro da Sabedoria afirma em 9,14-16 e a solução apresentada nos versículos 17-18: "¹⁴Os pensamentos dos mortais são tímidos e nossos raciocínios são falíveis, ¹⁵ porque um corpo corruptível torna pesada a alma, e a tenda de terra oprime a mente pensativa. ¹⁶Com muito custo, podemos conhecer o que está na terra e com dificuldade encontramos o que está ao alcance da mão. Mas quem poderá investigar o que está no céu? ¹⁷Quem poderá conhecer o teu projeto, se tu não lhe deres sabedoria, enviando do alto o teu espírito santo? ¹⁸Somente assim foram endireitados todos os caminhos de quem vive sobre a terra. Somente assim os homens aprenderam aquilo que te agrada. Eles foram salvos por meio da sabedoria".

5. Temas importantes dos livros sapienciais

Os livros sapienciais foram os últimos a aparecer. Podemos compará-los a certas frutas que apanham todo o sol do verão e ficam prontas na entrada do outono, portadoras de uma doçura peculiar. São o resultado da milenar experiência do povo de Deus.

São chamados sapienciais porque chegaram a nós carregados de sabedoria ou sapiência, produto que não se adquire no mercado, mas se cristaliza com a experiência de vida. Sábio não é aquele que adquiriu muitos conhecimentos, e sim aquele que aprendeu a viver e transmitir esse aprendizado aos outros, de modo que podemos ter este resultado paradoxal: uma pessoa que adquiriu muitos conhecimentos e cultura, títulos acadêmicos etc. e não descobriu o sentido da vida não é sábia no sentido bíblico da palavra. Por outro lado, pode acontecer que encontremos pessoas sem muita cultura e sem títulos acadêmicos, porém carregadas de sentido da vida e das coisas que as cercam. Essas pessoas são sábias no sentido bíblico da palavra.

Os livros sapienciais se preocupam com as questões existenciais que cedo ou tarde (às vezes nunca, infelizmente) as pessoas se colocam: que sentido tem minha vida? Que sentido têm as coisas que me cercam? O que fazer diante da precariedade e da fragilidade da existência humana? Para onde estou caminhando? O que é a felicidade? Onde se encontra? Como ser feliz? Que sentido têm as coisas que estou fazendo? O que vale a pena e o que não vale? Com minha atitude estou construindo felicidade ou desgraça? Quais os valores que carrego comigo na segunda metade da vida? A riqueza resolve? O poder faz a gente feliz? O que é que faz uma pessoa ser feliz?

Um teste interessante que podemos fazer na segunda metade da vida é perguntar-nos: "Se eu tivesse que voltar atrás, o que mudaria para ser mais feliz hoje?" Como é belo ver uma pessoa idosa feliz com a vida que viveu, feliz com as opções que fez, feliz porque se considera uma pessoa realizada. Por outro lado, como é triste ver uma pessoa de idade de mal com a vida, amargurada, arrependida, sem poder voltar atrás, porque a vida é irrepetível, e o tempo inexorável.

6. O nascimento do caçula

É nesse ambiente que nasce o livro caçula do Antigo Testamento, por volta do ano 50 antes de Cristo. Dirige-se a judeus helenizados, ou seja, que absorveram a cultura grega e correm risco de perder a própria identidade e raízes. Além disso, em Alexandria muitos judeus eram hostilizados por causa de sua cultura, fé e religião. Eram hostilizados tanto pelos pagãos quanto pelos judeus que haviam aderido ao helenismo. Percorrendo as diversas partes do livro, descobre-se um conflito de fundo, um choque de culturas, de religiões e de fé. Esse conflito é bem visível, sobretudo, na primeira parte do livro (capítulos de 1 a 6), em que se manifesta a raiva violenta dos injustos (ímpios) contra os justos.

7. O livro da Sabedoria e o Novo Testamento

Vários autores do Novo Testamento conheciam o livro da Sabedoria e nele se inspiraram. É o caso do Evangelho de João, de várias cartas de Paulo, do Apocalipse e da carta de Tiago. Uma demonstração completa demandaria muito tempo e espaço. Aqui basta apresentar um exemplo:

Sabedoria 11,15-16
[15]Por causa dos raciocínios insensatos da injustiça deles, erraram e adoraram répteis privados de razão e animais desprezíveis. Como castigo, enviaste a eles multidões de animais irracionais, [16]para aprenderem que cada um é castigado através daquilo mesmo com que peca.

13,1-5
[1]São naturalmente insensatos todos os homens que ignoram a Deus e que, através dos bens visíveis, não chegam a reconhecer Aquele que existe. Consideram as obras, mas não reconhecem seu Artífice. [2]E acabam considerando, como deuses e governadores do mundo, o fogo, ou o vento, ou a brisa fugaz, ou o firmamento es-

Romanos 1,18-23
[18]A ira de Deus se manifesta do céu contra toda impiedade e injustiça dos homens, que com a injustiça sufocam a verdade. [19]Pois aquilo que é possível conhecer de Deus foi manifestado aos homens; e foi o próprio Deus quem o manifestou. [20]De fato, desde a criação do mundo, as perfeições invisíveis de Deus, tais como seu poder eterno e sua divindade, podem ser contempladas, através da inteligência, nas obras que ele realizou. Os homens, portanto, não têm desculpa, [21]porque, embora conhecendo a Deus, não o glorificaram como Deus, nem lhe deram graças. Pelo contrário, perderam-se em raciocínios vazios, e sua mente ficou

trelado, ou a água impetuosa, ou ainda os luzeiros do céu. ³Se ficam fascinados com a beleza dessas coisas, a ponto de tomá-las como deuses, reconheçam o quanto está acima delas o Senhor, pois foi o autor da beleza quem as criou. ⁴Se ficam maravilhados com o poder e atividade dessas coisas, pensem então quanto mais poderoso é Aquele que as formou. ⁵Sim, porque a grandeza e a beleza das criaturas fazem, por comparação, contemplar o Autor delas.

obscurecida. ²²Pretendendo ser sábios, tornaram-se tolos, ²³trocando a glória do Deus imortal por estátuas de homem mortal, de pássaros, animais e répteis.

II. OLHANDO O LIVRO DE PERTO

Os 19 capítulos do livro da Sabedoria podem ser divididos em três partes:

1. A presença da Sabedoria no destino das pessoas (capítulos 1-6).
2. O rei Salomão e a busca da Sabedoria (capítulos 7-9).
3. Atividade da Sabedoria na história da humanidade (capítulos 10-19).

1. A presença da Sabedoria no destino das pessoas (capítulos 1-6)

A primeira parte se abre e se encerra com apelo dirigido aos reis, autoridade máxima na condução da vida de um povo naquele tempo. O apelo os convoca a amar a justiça (1,1). De fato, de acordo com o Antigo Testamento, a função do rei se concentra na administração da justiça em dois planos: em nível internacional, defender o povo das agressões externas; em nível interno, defender os fracos da ganância e da prepotência dos poderosos. Se o rei administra bem a justiça, é considerado sábio, pois possui o temor de Deus, que, nesse caso, traduz-se da seguinte maneira: o poder que ele possui vem de Deus, que examina o modo de ele agir. Em poucas palavras, sábio é o rei que tem consciência de que o poder por ele exercido é um poder delegado, e o melhor modo de exercê-lo é fazendo justiça, pois a justiça é imortal. Deus não cria a morte, pois, ao criar o ser humano, ele o cria para que seja incorruptível.

No centro dessa primeira parte, temos o conflito entre injustos (ímpios) e justos. É um confronto desigual, pois os injustos perseguem, maltratam e matam os justos com a terrível sensação de impunidade, chegando a ponto de debochar do próprio Deus, que, segundo eles, faz vista grossa diante das injustiças: "Vamos oprimir o justo pobre... pois ele se gloria de ter Deus por pai. Se o justo é filho de Deus, ele o assistirá e o libertará das mãos de seus adversários" (cf. 2,16.18; veja Mt 27,43).

Como vimos, os injustos são pagãos e judeus que aderem à cultura dos gregos, impregnada de materialismo e sem perspectiva alguma de ressurreição ou de vida após a morte. Contrariando o ponto de vista dos injustos, o livro salienta que a vida dos justos está nas mãos de Deus e que nenhum tormento os atingirá (3,1), acrescentando que os injustos deverão comparecer diante do tribunal de Deus para o julgamento. E reconhecerão estar errados e não haver mais nada a ser feito.

2. O rei Salomão e a busca da Sabedoria (capítulos 7-9)

Na segunda parte, o autor se faz passar por Salomão, patrono dos livros sapienciais. Ele se torna sábio e famoso, mas sua origem em nada se diferencia da origem de qualquer ser humano. Surge então a pergunta: como Salomão se torna a pessoa mais sábia do mundo? E a resposta é muito simples: suplicando a Deus. Mas não se trata simplesmente de suplicar. É preciso procurá-la como o maior bem da vida. Salomão a prefere aos cetros e tronos, que, comparados com a Sabedoria, não são nada.

Salomão faz longo elogio à Sabedoria como valor supremo na vida de uma pessoa (7,22-8,1) e, contrariando aquilo que a história narra (seu inumerável harém), casa-se com ela, pois é a esposa ideal, companheira insubstituível para um bom governo.

O capítulo nove traz longa oração do rei pedindo Sabedoria para governar o povo. É uma crítica contundente do helenismo e da filosofia platônica, pois se encerra com as seguintes palavras: "Com dificuldade fazemos hipóteses sobre aquilo que há na terra... Mas quem conseguirá sondar aquilo que há nos céus? Quem conhecerá a tua vontade, se não lhe deste Sabedoria e não enviaste do alto teu Espírito Santo? Somente assim foram retos os caminhos dos terrestres, e os homens aprenderam o que agrada, e a Sabedoria os salvou" (9,16-18).

A última expressão ("a Sabedoria os salvou") já aponta para a terceira parte, isto é, a ação da Sabedoria na história da humanidade, representada pelo povo que acolheu a Sabedoria divina.

3. Atividade da Sabedoria na história da humanidade (capítulos 10-19)

A terceira parte percorre a história do povo de Deus, mostrando a ação da Sabedoria na vida de pessoas sábias e a vida de pessoas que não souberam acolhê-la.

Faça você mesmo: abra a Bíblia no livro da Sabedoria no capítulo 10, versículos 1-14 e anote a avaliação do autor acerca dos personagens que vão de Adão a José do Egito. Entre parênteses, marque sábio (S) ou insensato (I).

( ) Adão   ( ) Mulher de Ló
( ) Caim   ( ) Jacó
( ) Noé   ( ) Sogro de Jacó
( ) Abraão   ( ) José do Egito
( ) Ló

Respostas: I, I, S, S, S, I, S, S, I, S.

A característica mais importante dessa parte consiste na apresentação de sete oposições entre um povo sábio (Israel) e um povo insensato (os egípcios). No primeiro, a Sabedoria produz vida; no segundo, sua rejeição gera morte. O período da história contemplado pelo autor do livro se refere ao êxodo e à etapa no deserto, fases fundantes na história do povo de Deus.

Oposições	Egito	Israel
1ª: água (11,4-14)	Transformada em sangue	Água jorrando da rocha
2ª: alimento (16,1-4)	Rãs (animal nojento)	Codornizes
3ª: gafanhotos (16,5-14)	Destruição	Serpente de bronze
4ª: o céu (16,15-29)	Envia granizo destruidor	Envia o maná
5ª: trevas/luz (17,1-18,4)	Egito em trevas	Coluna de fogo
6ª: morte/vida (18,5-19)	Morte dos primogênitos	Primogênitos poupados
7ª: m. Vermelho (19,1-12)	Egípcios mortos	Hebreus salvos

* * *

Dois textos importantes

1. O primeiro texto é uma tentativa de resposta àqueles judeus que achavam ter sido Deus muito tolerante para com os egípcios e os pagãos de modo geral: "Teu grande poder está sempre a teu serviço, e quem pode resistir à força de teu braço? O mundo inteiro está diante de ti como esse nada na balança, como a gota de orvalho que de manhã cai sobre a terra. Mas te compadeces de todos, pois tudo podes, fechas os olhos diante dos pecados dos homens, para que se arrependam. Sim, tu amas tudo o que criaste, não te aborreces com nada do que fizeste; se alguma coisa tivesses odiado, não a terias feito. E como poderia subsistir alguma coisa, se não a tivesses querido? Como conservaria sua existência se não a tivesses chamado? Mas a todos poupas, porque são teus: Senhor, amigo da vida!" (11,21-26).

2. O Antigo Testamento se encerra com estas palavras: "Senhor, em tudo engrandeceste e glorificaste o teu povo; sem deixar de assisti-lo, em todo tempo e lugar o socorreste!" (19,22).

Avaliação
1. Avalie este estudo do livro da Sabedoria.
2. Com este livro terminamos o estudo do Antigo Testamento. Faça uma avaliação geral.

Índice

A coleção: "Conheça a Bíblia. Estudo Popular" | 3

Apresentação | 5

1. O LIVRO DE JÓ | 7
I. Antes de abrir o livro | 7
   1. Jó: realidade ou ficção? | 7
   2. Jó: sinônimo de pessoa paciente? | 8
   3. Um livro complexo | 8
   4. O sofrimento humano: por quê? | 10
   5. Jó e a "religião da retribuição" | 10
   6. Jó e a "religião da prosperidade" | 11

II. Abrindo o livro de Jó | 13
   1. Como está organizado | 13
   2. Introdução (capítulos 1 e 2) | 14
   3. Primeiro turno: Jó e seus três amigos (capítulos de 3 a 14) | 15
   4. Segundo turno: Jó e seus três amigos (capítulos de 15 a 21) | 17
   5. Terceiro turno: Jó e seus três amigos (capítulos de 22 a 27) | 19
   6. Intervalo (capítulo 28) | 20
   7. Jó falando sozinho (capítulos 29 a 31) | 20
   8. Um estranho (Eliú) entra na conversa (capítulos de 32 a 37) | 21
   9. O grande confronto: Javé e Jó (38,1-42,6) | 21
   10. Conclusão (42,7-17) | 22

2. O LIVRO DOS SALMOS | 23
I. Conhecendo o livro dos Salmos | 23

II. Estudo de alguns salmos | 30
    Salmo 148 | 30
    Salmo 46 (45) | 32
    Salmo 131 (130) | 34
    Salmo 143 (142) | 36
    Salmo 12 (11) | 38
    Salmo 2 | 40
    Salmo 15 (14) | 42
    Salmo 1 | 44

3. O LIVRO DOS PROVÉRBIOS | 47
I. Antes de olhar de perto o livro | 47

II. Olhando de perto o livro | 52
    1. Introdução (1,1-9,18) | 52
    2. Como conviver em sociedade (10,1-15,33) | 53
    3. Para a formação de altos funcionários (16,1-22,16) | 55
    4. A formação de diplomatas (22,17-24,22) | 55
    5. Acréscimo (24,23-34) | 56
    6. Vida social e governo (25,1-29,7) | 56
    7. A sabedoria do estrangeiro Agur (30,1-14) | 58
    8. Mexendo com números (30,15-33) | 58
    9. A herança de mamãe (31,1-9) | 59
    10. "Amélia que era mulher de verdade?" (31,10-31) | 59

4. O LIVRO DO ECLESIASTES | 61
I. Antes de abrir o livro | 61
    1. Conversando sobre o livro | 61
    2. Um pouco de história | 63
    3. Perguntas importantes | 64

II. Olhando o livro de perto | 66
    1. Xeque-mate à felicidade (capítulos de 1 a 6) | 67
    2. A felicidade é possível (capítulos de 7 a 12) | 68

5. O CÂNTICO DOS CÂNTICOS | 71
I. Antes de abrir o livro | 71
    1. O poema de amor... | 71
    2. ... com diversas interpretações... | 73
    3. ... situado entre os livros sapienciais | 74
    4. "Love changes everything" | 75
    5. Só por amor | 77
    6. E é Palavra de Deus | 78
    7. O Cântico dos Cânticos e o Novo Testamento | 79

II. Olhando o livro de perto | 80

6. O LIVRO DO ECLESIÁSTICO | 83
I. Antes de abrir o livro | 83
    1. Um bate-papo com o neto de Jesus Ben Sirá | 83
    2. O mais volumoso livro deuterocanônico | 85
    3. Paciência | 86
    4. Cuidado com o preconceito machista! | 87

II. Olhando o livro de perto | 87
    1. Santos e heróis do povo | 89

7. O LIVRO DA SABEDORIA | 93
I. Antes de abrir o livro | 93
    1. Um livro deuterocanônico... | 93
    2. ... atribuído ao rei Salomão | 94
    3. Livro surgido fora da Palestina | 94

4. A cidade de Alexandria | 95
5. Temas importantes dos livros sapienciais | 96
6. O nascimento do caçula | 97
7. O livro da Sabedoria e o Novo Testamento | 98

II. Olhando o livro de perto | 99
1. A presença da Sabedoria no destino das pessoas (capítulos 1-6) | 99
2. O rei Salomão e a busca da Sabedoria (capítulos 7-9) | 100
3. Atividade da Sabedoria na história da humanidade (capítulos 10-19) | 101

Este livro foi composto com as famílias tipográficas Cantonia, Minion Pro e Segoe e impresso em papel Offset 75g/m² pela **Gráfica Santuário.**